Bogumiła Baumgartner:
Gelebte Zweisprachigkeit

Für meine Familie

RabenStück
Verlag
– Publisher of Social Affairs –

Bogumiła Baumgartner

Gelebte Zweisprachigkeit

Wie erziehe ich mein Kind zweisprachig?

RabenStück
Verlag
– Publisher of Social Affairs –

Bibliografische Information der Deutschen Nationalbibliothek
Die Deutsche Nationalbibliothek verzeichnet diese Publikation in der Deutschen Nationalbibliografie; detaillierte bibliografische Daten sind im Internet über http://dnb.d-nb.de abrufbar.

Bibliographic information published by the Deutsche Nationalbibliothek
The Deutsche Nationalbibliothek lists this publication in the Deutsche Nationalbibliografie; detailed bibliographic data are
available in the Internet at http://dnb.d-nb.de.

Information bibliographique de la Deutsche Nationalbibliothek
La Deutsche Nationalbibliothek a répertorié cette publication dans la Deutsche Nationalbibliografie; les données bibliogra-
phiques détaillées peuvent être consultées sur Internet à l'adresse http://dnb.d-nb.de.

Informazione bibliografica de la Deutsche Nationalbibliothek
La Deutsche Nationalbibliothek registra questa pubblicazione nella Deutsche Nationalbibliografie; dettagliate dati bibliografi-
ci sono disponibili nell' internet per http://dnb.d-nb.de.

Библиографическая информация Немецкой Национальной Библиотеки
Немецкая Национальная Библиотека вносит эту публикацию в Немецкую национальную библиографию; подробные
библиографические данные можно найти в интернете на странице: http://dnb.d-nb.de.

Información bibliográfica de la Deutsche Nationalbibliothek
La Deutsche Nationalbibliothek recoge esta publicación en la Deutsche Nationalbibliografie; se puede encontrar los datos
bibliográficos en el internet por http://dnb.d-nb.de.

Bogumiła Baumgartner:

Gelebte Zweisprachigkeit: Wie erziehe ich mein Kind zweisprachig? –
Berlin: RabenStück Verlag, 2010
ISBN 978-3-935607-41-4

ISBN 978-3-935607-41-4

© 2010 RabenStück Verlag®
Dr. Uwe Großer | Postfach 52 01 15 | 12591 Berlin
Fon: +49 30 56400807 | Fax: +49 3212 RabenSt (7223678)
eMail: Verlag@RabenStueck.de | Web: www.RabenStueck.de

Produktion: RabenStück Verlag. Titel unter Verwendung eines Motivs von
© Andreas Zacharek-Lorenz | www.kunst-direkt-web.de sowie
eines Fotos von © Catherine Yeulet | www.istockphoto.com
Illustrationen von Frederik Röhr
Druck: SDV Direct World GmbH Dresden

Inhalt

Danksagungen

*„Die Fähigkeiten zu sprechen und zu lieben
sind die einzigen und einzigartigen Fürsprecher
des Phänomens Mensch.“*
JANUSZ L. WIŚNIEWSKI

Ganz herzlich bedanke ich mich bei meinen Kindern ANJA und JULIA, die mir unaufhörlich und unbewusst ständig neue Ideen zum Schreiben dieses Buches gaben. Ich danke ihnen für ihr Lachen und die amüsanten Abenteuer, die mit ihrer Zweisprachigkeit und Bikulturalität zusammenhängen und ihr sprachliches Ungeschick sowohl im Polnischen als auch im Deutschen, was das Buch sehr bereicherte. Viele der Erlebnisse meiner Töchter konnte ich rekonstruieren und aufschreiben. So entstand auf diesem Weg eine interessante und lebensnahe Publikation.

Ich bedanke mich bei meinem Mann für seine Geduld. Dafür, dass er mich in schwierigen Erziehungsphasen und auch während des Schreibens immer wieder unterstützte. Er glaubte stets an mich, obwohl ich oft an mir zweifelte. Er half mir, meine zwei Träume zu verwirklichen: die zweisprachige Erziehung unserer Kinder und das Entstehen dieses Buches.

Spezieller Dank geht an SIEGLINDE GLAAB, die ehemalige Konrektorin der Grundschule Von-der-Tann in Regensburg. Ihre Offenheit, praktische Hilfe und wertvolle Unterstützung ermöglichten es, dass ich ,Deutsch als Zweitsprache' im realen Schulbetrieb miterleben konnte.

Vielen Dank an ANDREAS REINDL für seine Betreuung und Bereitschaft mir zu zeigen, wie die Welt der multikulturellen Kindererziehung in der Schulpraxis aussieht. Die Teilnahme an seinen Unterrichtsstunden in der Übergangsklasse der Von-der-Tann-Schule veränderte mein persönliches Leben sehr, bereicherte meine berufliche Laufbahn und brachte mich pädagogisch weiter.

Mein Dankeschön geht außerdem an Prof. HANNA PULACZEWSKA, MARION JUNG-MAHR, CLAUS WOTRUBA, BERTHOLD REINDL und ILJANA HILPERT-BOHRISCH für ihre konstruktiven Kritiken und Fragen sowie vor allem für die Korrektur dieser Publikation, damit sie noch besser und verständlicher wurde.

Für wen ist dieses Buch?

Dieses Buch wurde für all jene geschrieben, die davon träumen, ihren Kindern zwei oder mehr Sprachen beizubringen. Es ist an alle Eltern gerichtet, die von den Vorteilen und Werten einer Erziehung in zwei Sprachen und zwei Kulturen außerhalb ihres Herkunftslandes überzeugt sind. Dieser Ratgeber wird aber auch hilfreich und interessant für diejenigen sein, die sich der Tatsache noch nicht bewusst sind, dass Mehrsprachigkeit eine große Chance für ihre Kinder ist.

Zweisprachigkeit kann ein Geschenk für die Kinder von den Eltern sein. Allerdings nur dann, wenn die Eltern rechtzeitig erkennen, welche Herausforderung vor ihnen liegt, wenn sie bereit sind, sie anzunehmen und sie geschickt zu bewältigen. Auf diesem Weg hilft dieses Buch[1].

Es wurde für Menschen geschrieben, die ihre Heimat verlassen haben und in einem neuen Land als Ausländer gelten. Die Thematik ist auch für zweisprachige Partnerschaften wichtig. Sie werden mit vielen Problemen konfrontiert, die mit der sprachlichen Entwicklung der Kinder zusammenhängen, weil sie sie außerhalb ihres Herkunftslandes erziehen werden. Das bedeutet viele Zweifel und führt immer wieder zur Frage: Handle ich richtig? Viele Eltern suchen nach konkreten Ideen, wie sie ihre Kinder erziehen, wie sie ihnen die Muttersprache vermitteln und was sie im Fall von Schwierigkeiten tun sollen.

---

[1] Alle Vornamen, die in diesem Buch vorkommen – bis auf die meiner Töchter ANJA (13) und JULIA (11) – wurden geändert.

Auch Pädagogen, Soziologen und Lehrer[2] können in meinem Buch interessante, wichtige und neue Aspekte der Erziehung in zwei Sprachen und Kulturen finden.

Die zweisprachige Erziehung ist ein komplexer Prozess, der gleich nach der Geburt eines Kindes oder nach dem Auswandern in ein anderes Land beginnt und mehrere Jahre dauert. Dieser Prozess endet eigentlich nie. Zweisprachigkeit muss ständig gepflegt werden.

Ich möchte, dass mein Buch allen Menschen hilft, die auf der Suche nach Antworten sind, ob es tatsächlich nötig und sinnvoll ist, den im Ausland lebenden Kindern die Muttersprache der Eltern beizubringen. Meine Überzeugung ist: Ja, auf jeden Fall, obwohl es nicht immer einfach ist. Abgesehen von dem Willen und der Überzeugung der Eltern ist auch die Einstellung der Kinder zur Zweisprachigkeit von großer Bedeutung. Nicht immer wollen sie ihre erste oder zweite Sprache pflegen oder weiter fördern. Die Umwelt zwingt ihnen eine andere Art der Kommunikation auf.

Ich versuche Antworten auf die häufig gestellten Elternfragen zu geben:

1. Wann beginne ich mit der zweisprachigen Erziehung der Kinder?
2. Auf welche Art gebe ich dem Kind die eigene Sprache weiter, wenn ich im Ausland wohne? Wie handle ich und welche Regeln gibt es?
3. Warum ist Konsequenz für die sprachliche Entwicklung des Kindes so wichtig?
4. Wie soll ich mit dem Kind zu Hause und außerhalb kommunizieren?

---

[2] In dieser Publikation wird auf eine gendergerechte Sprache zugunsten einer besseren Lesbarkeit verzichtet. Die männliche Form steht daher gleichberechtigt für beide Geschlechter.

5. Wird sich das Kind nicht überfordert fühlen, wenn es zwei Sprachen gleichzeitig hört und benutzt?
6. Ist es wichtig, unnachgiebig und systematisch die Fertigkeit der Muttersprache der Eltern zu pflegen?
7. Was mache ich, wenn jemand die Sprache des Partners nicht ganz versteht und sie nicht fehlerfrei beherrscht? Wie handle ich, damit er sich nicht beiseitegeschoben und gekränkt fühlt, wenn er nicht versteht, worüber der Partner mit dem Kind spricht?
8. Wie soll ich reagieren, wenn jemand auf der Straße unerwartet fragt, warum das Kind von den Eltern eine andere Sprache als die offizielle Umgebungssprache lernt?
9. Was mache ich, wenn das Kind trotz aller Bemühungen die Elternsprache ablehnt?
10. Wie handle ich, wenn das Vorschulkind anfängt, fremde Wörter oder Redewendungen in die Sprache der Eltern einzufügen?

Ich habe kaum Studien gefunden, die sich mit dem Einfluss der Zweisprachigkeit auf einen Menschen beschäftigen. Die Definition des Begriffes ‚Zwei- und Mehrsprachigkeit' bezieht sich meist auf das Denken und Erinnern sowie auf die Lernfähigkeit des Gehirns, zwei unterschiedliche Sprachen sprechen und anwenden zu können. Nur wenige Menschen denken darüber nach, was sich in der Psyche eines Zweisprachigen tut, wie ihn seine Umwelt sieht, was die Eltern von Zweisprachigen erleben, wie ein Zweisprachiger als Mensch ist? Diese Fragen haben mich schon immer fasziniert; deswegen entstand die Idee, ein Buch darüber zu schreiben. Ich versuche diese Problematik näher zu bringen und Antworten darauf zu finden.

Kurzum: Lassen Sie mich mit der Frage beginnen, wie man zweisprachig wird. Wovon hängt es ab, wer trägt die Verantwortung dafür, dass ein Kind zwei Sprachen lernt?

Neu in Deutschland

Werte, die man pflegt ...

Die Art, Feste zu feiern ...

Hautfarbe und Gesichtszüge, die man von den Eltern erbte ...

Sprache, die man spricht ...

Kultur, die man als Kind kennen lernte ...

Religion, zu der man sich bekennt ...

Erziehung, die man von den Eltern bekam ...

Gewohnheiten, die man entwickelte ...

Abb. 1: Kultureller Kontext

Alle ausländischen Eltern stehen in einem kulturellen Kontext. Sie überqueren die Deutschlandgrenze aus verschiedenen Gründen, sie kommen zu zweit oder zusammen mit ihren Kindern und bleiben hier für immer oder nur vorübergehend. Aber alle haben etwas Gemeinsames, sie kommen mit einem riesigen Rucksack an Lebenserfahrungen und alle werden versuchen, hier ‚normal' weiter zu leben. Doch etwas erlaubt es ihnen nicht, ganz glücklich zu sein. Das ist der Wert der eigenen Kultur. Er wird erst dann spürbar, wenn man anfängt, die Vergangenheit zu vermissen, wenn plötzlich das Vertraute nicht mehr da ist. Das Schlimmste ist, dass man selber nicht weiß, was mit einem geschieht. Doch langsam wird es klar. Es ist das Gefühl des inneren Konflikts; man möchte der ‚neuen Welt' angehören, aber gleichzeitig das Gewohnte, Geliebte und

Zurückgelassene beibehalten. Hier spielt die Sprache, die fest mit der Kultur zusammenhängt, eine unheimlich große Rolle. Die beiden bilden nämlich das ‚Ich-Gefühl‘, das man Identität nennt. Es ist in jedem Menschen so stark, dass man es an die Kinder weitergeben möchte – vor allem dann, wenn man woanders wohnt.

Eltern, die nicht im Heimatland leben, sollten immer daran denken und wirklich versuchen nachzufühlen, dass die Vermittlung der Muttersprache und die Pflege der eigenen Kultur für die Erziehung ihrer Kinder das Wichtigste ist. Damit die Beziehung zu dem Kind echt und authentisch wird, müssen die Eltern ‚ich selbst‘ bleiben.

Es ist die natürlichste Sache der Welt, dass man die Gefühle gegenüber dem Kind so artikuliert, wie es einem Menschen von Geburt an vertraut ist – in der Muttersprache. Sie ist es, die die Eltern von ihren Eltern gelernt haben. Sie ist es, in der sie groß geworden sind und in welcher sie seit der Kindheit Freude, Begeisterung, aber auch Trauer und Schmerz geäußert haben. Sie ist es, in der die Eltern träumen, beten, überlegen, wichtige Entscheidungen treffen und vor allem spontan auf Gefahren reagieren. Nur in der eigenen Sprache lässt sich die Vielfalt der Sinnesempfindungen in allen Nuancen wiedergeben. Und genau deshalb soll sie auch in der Beziehung zu dem Kind genutzt werden.

Liebe Eltern,
spielt mit euren Kindern, kuschelt, tobt und sprecht mit ihnen in eurer Muttersprache - so früh, wie es nur möglich ist, am besten gleich nach der Geburt. Zögert nicht, überlegt nicht all zu lange und wartet nicht auf den ‚richtigen‘ Zeitpunkt, da dieser nie kommen wird.

Die Zweisprachigkeit des frühen Kindesalters entwickelt sich am besten, wenn eine tiefe emotionale und körperliche Bindung zwischen Eltern und Kind besteht. Diese enge Beziehung wird bereits bei der Geburt deutlich und greifbar. Sie hilft dem Kind in Harmonie aufzuwachsen, glücklich zu sein und geliebt zu werden – aber nur dann, wenn die Eltern ihren Gefühlen und Überzeugungen immer treu bleiben.

1 Der Anfang der Zweisprachigkeit

Wie soll eine Schwangere mit ihrem Kind sprechen?

Schwangere Frauen verbringen viel Zeit mit Gedanken an ihr ungeborenes Kind. Während sie ihren leicht gewölbten Bauch sanft streicheln, wenden sie sich an das Kind und nehmen Kontakt mit ihm auf. Eine schwangere Frau wird bald vor die Frage gestellt, in welcher Sprache sie mit ihrem ungeborenen Kind sprechen soll, in ihrer eigenen oder in der Sprache des Vaters. Es geschieht unabhängig davon, wie lange sie im Ausland lebt. Es ist auch nicht wichtig, wie gut sie sich in das neue soziale Umfeld eingelebt hat und wie gut sie sich in der Fremdsprache mit der Umwelt verständigt.

Die neun Schwangerschaftsmonate sind sehr wichtig für eine junge Frau. In dieser Zeit bereitet sie sich psychisch auf die Rolle als Mutter vor. Die Mama in spe wird auch die Rolle einer Sprachlehrerin für ihr Kind übernehmen. Wenn sich die werdende Mutter wünscht, eine echte Beziehung zu ihrem Kind aufzubauen, hat sie sich eigentlich bereits für die zweisprachige Erziehung entschieden. Sie soll sich schon in der Schwangerschaft an das Kind in ihrer Muttersprache wenden. Warum so früh?

Es ist eine Frage der Stärke des eigenen Selbstbewusstseins und des Bewusstseins der eigenen Wurzeln. Die werdende Mutter soll wissen, wer sie ist, woher sie kommt, und worauf sie stolz sein kann. Sie soll erkennen und verstehen, dass die Vermittlung der eigenen Sprache an das Kind eine Grundlage für die Entwicklung seiner Identität ist.

Liebe Mutter,
wenn dein Kind auf die Welt kommt, wirst du an der Rich-

tigkeit deiner Entscheidung keine Zweifel mehr haben. Du wirst sicher sein, dass du dein Kind zweisprachig erziehen möchtest und dass du alles tun wirst, um dein Ziel zu erreichen.

Warum sollen die Eltern mit dem Ungeborenen sprechen?

Werdende Eltern müssen verstehen, dass das Erlernen des Sprechens bereits im Mutterleib beginnt. Obwohl das Kind noch ‚eingeschlossen' ist, hört es die Stimmen der Menschen, die mit ihm sprechen. Es beruhigt sich, wenn sie nett und zärtlich klingen, und ist besorgt, wenn sie sich laut und schrill anhören. Das Kind hört der Mutter nicht nur zu; es merkt sich auch ihre Stimme und unterscheidet sie nach der Geburt sofort und automatisch von den Stimmen anderer Menschen. Dies geschieht umso eher, wenn sie ihm während der Schwangerschaft viel erzählte oder Lieder vorsang. Deshalb ist es wichtig, bereits jetzt die Muttersprache zu verwenden. Wenn die Mutter bereits zu dieser Zeit anfängt, mit dem Kind in Gedanken auf diese Art und Weise zu kommunizieren, wird es für sie leichter sein, dies auch später umzusetzen, nachdem das Kind das Licht der Welt erblickt hat.

Für jeden ist es das Bequemste, sich in der Muttersprache an das Kind zu wenden. Die Schwangere benutzt sie ohne Mühe, kennt sie am besten. Sie spürt und versteht alle feinen Unterschiede. Aber das Wichtigste ist, dass sie intuitiv weiß, wie in ihrer Sprache mit einem Baby zu sprechen ist. Eine Erstschwangere kann sich die lange und unerträglich erscheinende Zeit des Wartens auf das Kind schwer vorstellen. Sie befindet sich nämlich in einem unbekannten Zustand, den sie selbst nicht richtig versteht. Deswegen wendet sie sich an das Kind meist sehr allgemein und verwendet dabei eine sparsame Sprache.

Meist fragt sie nur, wie es dem Kind geht, wer es ist und wie es aussehen wird. Weil sie das Geschlecht des Kindes oft nicht kennt, spricht sie es in einer unpersönlichen Form an. Und das klingt oft sehr ernsthaft und kühl.

Vieles wird anders, wenn die Frau während der Schwangerschaft das Geschlecht des Kindes erfährt. Jetzt kann sie sich viel besser darauf einstellen. Vor ihren Augen erscheint ein präziseres Bild des Kindes. Die Mutter denkt an die eigenen typischen Charaktereigenschaften und auch die ihres Partners. Sie überlegt und versucht sich vorzustellen, wie der erträumte Sohn oder die ersehnte Tochter wohl aussehen wird. Weil sie jetzt eine genauere Vorstellung von ihrem Kind hat, verwendet sie beim Sprechen eine zärtlichere und wärmere Stimme. Das Kind wird jetzt für sie zu einer konkreten Person und es erscheint viel genauer, da es bereits ein bestimmtes Geschlecht hat. Es kommt auch vor, dass die künftigen Eltern schon einen Namen für ihr Ungeborenes ausgesucht haben. Dann sprechen der Vater und die Mutter es nicht mehr unpersönlich an, sondern sie nennen es beim Namen. Sie verbinden sich also mit dem Kind auf eine ausdrückliche Art. Wenn sich die Mutter mit ihren Freunden oder Bekannten unterhält, erzählt sie nicht allgemein von dem Kind, sondern nennt es mit seinem Namen. Sie spricht von MAXIMILIAN oder DOMINIKA. Beim Einkaufen sagt sie nicht mehr zu ihrem Mann: „Wir müssen ein Bett für das Baby kaufen". Sie sagt eher: „Wir müssen ein Bett für Maximilian kaufen."

Weil sie sich jetzt das Kind besser vorstellen kann, fängt sie öfter an, es als eine bekannte und vertraute Person anzusprechen. Manchmal unterhält sie sich mit ihm laut und stellt genaue Fragen, nach der Ausstattung seines Kinderzimmers oder nach der Vorliebe der künftigen Spielsachen.

Viele Frauen, die mehrfach schwanger geworden sind, erzählen, dass ihre aktuelle Schwangerschaft irgendwie nebenbei und ohne besondere Ereignisse verläuft. Der Grund dafür ist, dass sich diese Mütter um die älteren Kinder kümmern müssen. Zusätzlich haben sie den Haushalt zu erledigen und das Familienleben zu organisieren. Sehr oft sind sie auch noch berufstätig. Dadurch denken sie leider seltener an ihr Ungeborenes.

Diese Schwangeren haben eine konkrete und praktische Vorstellung eines Kindes. Sie wissen bereits, wie ein Säugling aussieht, was er zum Leben braucht und wie man ihn pflegen muss. Wenn eine erfahrene Mama im Augenblick der Ruhe, im Bett vor dem Einschlafen, eine Weile mit Gedanken an das Kind verbringt, spricht sie es an wie einen längst bekannten Menschen. Sie unterhält sich mit ihm und vermittelt ihm viele Informationen über sein Zuhause, seine Geschwister sowie andere Menschen, die es erwarten. Alles, was sie beschreibt, ist reich an Empfindungen und Emotionen, welche in der Muttersprache am tiefsten zum Ausdruck kommen.

Schwierigkeiten, die man in einer Geburtsklinik im Ausland erleben kann

Nach der Geburt ihres Kindes kann eine Mutter in einem fremden Land bereits im Krankenhaus auf Schwierigkeiten stoßen, die mit der Akzeptanz ihrer eigenen Kultur und Herkunft zusammenhängen. Es gibt Frauen, die sich genieren, weil sie anders aussehen, andere Gesichtszüge haben oder eine für viele unverständliche und fremde Sprache sprechen. Zusätzlich teilt eine Frau vielleicht ein Zimmer mit einer anderen, in derer Anwesenheit sie sich mit ihrem Kind nicht ganz unbeschwert fühlen kann. In den Augenblicken, in denen sie ihr eigenes Kind anspricht, umarmt, küsst oder ihm Wiegenlieder singt, hat sie den Eindruck, stets von ihrer Zimmergenossin beobachtet zu werden. Weil die andere Frau überhaupt nichts versteht, fühlt diese sich verunsichert und vielleicht auch gekränkt. Auch die ausländische Mutter empfindet diesen Zustand oft als belastend und unbequem. Sie weiß nicht, wie sie darauf zu reagieren

hat und wie sie vorgehen soll, um nicht falsch anzukommen.
Wie kann man der jungen fremdsprachigen Mutter helfen?
Diese Zimmersituation ist für beide Frauen neu, zufällig und
nur vorübergehend. Die ausländische Mutter und ihre Zimmer-
kollegin kennen sich nicht. Aus diesem Grund müssen sie sich
nicht verpflichtet fühlen, die Gespräche mit ihren Kindern zu
erklären bzw. zu übersetzen, zumal eine junge Mutter mit ihrem Kind nur über ganz gewöhnliche und alltägliche Sachen
spricht. Sie fragt es, wie es geschlafen hat, ob ihm die Milch
geschmeckt hat oder wann es endlich ein Bäuerchen macht.
Die Zuhörer sind also gut in der Lage, anhand der Tonlage und
der Mimik einzuschätzen, was sie gerade zum Kind sagt. Der
psychische Einfluss der Umgebung auf einen Menschen, der
eine fremde Sprache spricht, ist so stark, dass er sich oft sehr
unsicher und weniger wert fühlt. Er weiß nicht, wie er handeln
soll und was richtig und was falsch ist.

Es gibt aber auch Mütter und natürlich auch Väter, die bewusst nicht als Fremde wahrgenommen werden wollen. Sie haben ihr Herkunftsland verlassen, weil sie sich dort nicht mehr
wohl gefühlt haben. Vielleicht wurden sie aus politischen Gründen verfolgt, litten Hunger oder wollten einfach einen besser
bezahlten Job oder eine interessante Ausbildung bekommen.
Sie sind ausgewandert, um ihr Leben und das ihrer Angehörigen
zu verbessern. Aus Dankbarkeit, dass sie in einem neuen Land
aufgenommen wurden, möchten sie ihrer Umgebung angehören und auch sprachlich ein Teil von ihr werden. Ganz bewusst
wenden sie sich von ihrer Vergangenheit und ihrer Herkunft ab
und entscheiden sich, mit dem Kind in einer für sie fremden
Sprache zu kommunizieren. Solche Eltern machen eine verbale
Verständigung mit ihrem Kind davon abhängig, wer gerade in
der Nähe ist, und von dem Ort, an dem sie sich gerade befinden.
In vielen Situationen sprechen sie mit dem Kind in der Sprache
der Umgebung, was von den einheimischen Zuhörern zwar als

positiv empfunden werden kann/wird, doch auch etwas Unnatürliches an sich hat. Genau genommen, wollen die Eltern als andere empfunden werden, als die, die sie wirklich sind. Aber ist ein solches Verhalten dem Kind gegenüber in Ordnung? Ich empfinde es als falsch und rufe deshalb alle Eltern auf, die Aufgabe des Sprachenlehrers zu übernehmen und ihren Kindern die Chance geben, zweisprachig zu werden.

Liebe Eltern,
wenn ihr die Vorstellung habt, dass euer Kind eure Sprachen kennen und lieben lernen sowie sie in der Zukunft auch ohne große Mühe beherrschen soll, müsst ihr bereits gleich nach der Geburt, noch im Krankenhaus eine Entscheidung fürs Leben treffen. Ihr müsst euch sicher sein, dass ihr alles dafür tun werdet, um euren Traum vom zweisprachigen Kind zu erfüllen. So bleibt ihr in Übereinstimmung mit euch selbst und findet die nötige Kraft, alltägliche Hindernisse zu überwinden. Ihr werdet in der Lage sein, euch dem Druck des anderssprachigen Umfelds zu widersetzen. Ihr werdet den Mut aufbringen, das Kind immer und laut in der eigenen Muttersprache anzusprechen, unabhängig davon, wo ihr seid und wer sich in der Nähe befindet. So werdet ihr auch genug Energie finden, um den Einfluss der Umgebung auf eure eigene Muttersprache abzuwenden.

Das Prestige der Sprache

Eine wichtige Rolle bei der Entscheidung zur Auswahl der angewendeten Sprache spielt das Prestige der Muttersprache der Mutter oder des Vaters, die ihre Kinder nicht im Heimatland großziehen. Das Sprachprestige bezeichnet das Ansehen und den Status, die eine Sprache in der Welt genießt.

Es gibt Weltsprachen, wie vor allem Englisch, Französisch,

Italienisch oder Spanisch, deren Klang und Melodie so angenehm und für das Ohr anziehend sind, dass sie sich auch unter den Einwohnern anderer Länder einer gewissen Popularität und Anerkennung erfreuen. Außer diesem ansprechenden Klang besitzen sie zusätzlich andere Reize. Ihr Rang hängt oft mit dem ökonomischen Status der Länder zusammen, in denen die Sprachen gesprochen werden. Auch die Beliebtheit als Urlaubsziel spielt eine Rolle. Man assoziiert die Sprachen mit einem schönen, modernen und scheinbar unkomplizierten Leben. Die Sprache bestimmt also den sozialen Status mit. Es gibt auch Sprachen, die von fremdsprachigen Betrachtern negativ wahrgenommen werden. Sie werden nämlich mit einem niedrigeren Lebensstandard und einer schlechteren finanziellen Lage assoziiert. Sie sind ‚fremder' als andere. Die Menschen, die diese Sprachen sprechen, kommen sich im Ausland noch unsicherer vor. Sie haben Komplexe und leben mit dem Gefühl der Minderwertigkeit. Dieses Gefühl ist so tief im Herzen eines Menschen verankert, dass es fast unmöglich ist, es zu bekämpfen. Der Wert eines Menschen wird automatisch mit seiner Nationalität und Staatsangehörigkeit voreingeschätzt.

Oft ist es aber auch so, dass solche mit der Verwendung der Muttersprache verbundenen Komplexe ausschließlich auf die subjektiven Empfindungen des Betroffenen zurückzuführen sind und dass er von der Umgebung keineswegs als minderwertig wahrgenommen wird. Manche Ängste und Vorurteile sind so stark und tief in der Psyche verwurzelt, dass man sie auf einem rationalen Wege nicht beseitigen kann. In so einer Situation entscheidet sich manche ausländische Mutter bewusst, mit ihrem Säugling in der Umgebungssprache zu kommunizieren. Sie empfindet kein Bedürfnis, dem Kind die eigene Sprache zu vermitteln, da diese Sprache ihm sowieso nichts nützen werde. Sie sei nämlich keine moderne und keine wichtige Sprache, man sollte den Verstand eines kleinen Kindes nicht unnötig mit ihr belasten. Aber ist das wirklich so? Eine solche Auffassung ist meiner Meinung nach allerdings von Grund auf falsch, ja trügerisch, und sollte revidiert werden. Man sollte meinen, es sei einfacher, im Ausland mit dem Kind in einer fremden Sprache zu kommunizieren, die sich eines höheren Prestiges erfreut, als in einer, die einen niedrigen Status signalisiert. Im ersten Fall sollte die Einstellung der Umgebung zu der Fremdsprache positiv sein. Diese Regel bestätigt sich aber nicht immer.

Eine mit einem Amerikaner verheiratete deutsche Ärztin erzählte mir eine Geschichte, die mit der Zweisprachigkeit ihrer eigenen Kinder zusammenhing. Zu Hause in Deutschland kommunizierte sie mit ihrem Mann auf Englisch und mit den Kindern auf Deutsch. Während der Treffen mit den Kindern ihres in Deutschland lebenden amerikanischen Schwagers sprach sie diese immer auf Englisch an, da die Kinder noch nicht ausreichend Deutsch beherrschten. Sie tat das automatisch, ohne sich darüber Gedanken zu machen. Die Ärztin beklagte sich aber, dass sie sehr oft – auf dem Spielplatz – von anderen Müttern als eingebildet und angeberisch wahrgenommen wird, da sie in Deutschland Englisch spricht. Die Umgebung empfand sie als jemanden, der seine Sprachkenntnisse zur Schau stellt.

Die Art, wie sich diese Frau an die Kinder ihres Schwagers wendete, wurde also von ihrer Umgebung falsch ausgelegt. Sie fühlte sich schlecht dabei; niemand lässt sich gern Protzen und Besserwisserei zuschreiben. Leider weiß ich nicht mehr, welchen Lauf die Geschichte im Weiteren nahm und wie sich die Mutter später verhielt. Dieses Beispiel zeigt sehr deutlich, wie stark die Umgebung die Psyche beeinflusst.

Liebe Eltern,

vergesst nicht, dass die Sprache, mit der ihr euch an die Kinder wendet, eine sehr große und entscheidende Rolle in ihrer Erziehung und für die Gestaltung ihrer Zukunft spielt. Bleibt deshalb euren Grundsätzen treu und handelt nach euren Prinzipien, ohne auf die Kritik seitens der Umgebung zu achten. Auch auf dem Spielplatz oder im Flur des Kindergartens wendet laut und sicher eure Muttersprache an.

2 Einsprachige Familien

In welcher Sprache sollen sich Familienangehörige unterhalten?

Einwanderer bilden eine sprachlich homogene Gruppe, das heißt, alle Personen innerhalb der Familie kommunizieren auf eine natürliche Art und Weise in derselben Sprache. Die Familienangehörigen einer polnischen Familie unterhalten sich auch an ihrem neuen Wohnort (in Deutschland) weiterhin auf Polnisch. Ihre gemeinsame Sprache wird Familiensprache genannt und Deutsch ist die Umgebungssprache. In einsprachigen Familien kommunizieren die Eltern mit den Kindern nach dem Prinzip: Familiensprache – Umgebungssprache.

Die Kinder verstehen sie sehr gut und sprechen sie fließend, weil sie die meiste Zeit entweder mit ihren Eltern verbringen oder mit den Bekannten der Eltern, die die gleiche Sprache benutzen. Deswegen hört man bei ihnen zu Hause, bei den Mahlzeiten, gemeinsamen Spaziergängen oder der Hausarbeit immer nur eine Sprache: Polnisch, Spanisch, Türkisch oder Englisch.

Diese Sprache bildet eine unentbehrliche Basis für die Entwicklung der Zweisprachigkeit. Wenn die Kinder bis zur Aufnahme in eine Betreuungseinrichtung (Kindergarten) ausschließlich einsprachig erzogen wurden, dann haben sie die korrekte Aussprache gelernt, sich die notwendigsten grammatikalischen Strukturen und einen altersangemessenen Wortschatz angeeignet. Dies sind unerlässliche Faktoren und gemeinsam bilden sie den sicheren Ausgangspunkt für die korrekte Beherrschung der neuen Strukturen einer zweiten Sprache.

Ein einsprachiges Kind, das den ganzen Tag mit der Mutter verbringt, lernt dank ihrer Zuneigung und Hingabe die Welt kennen. Es erlernt und begreift diese Welt und benennt die neuen Ereignisse in seiner Sprache. In diesem Fall ist die Sprache der Mutter für das Kind die Erstsprache.

Beim Spazierengehen bemerkt das Kind im Gras ein neues und bis dahin unbekanntes Tier. Es beobachtet das Tier, sein Verhalten und versucht es zu begreifen. Die Mutter bemerkt das Interesse des Kindes und erklärt ihm, dass dieses kleine Tierchen im Gras mit einer spitzen Schnauze und einer Menge Stacheln auf dem Rücken ein Igel ist. Das Kind hört aufmerksam zu und versucht es aufzufassen. Es merkt sich alles genau und wiederholt im Kopf immer wieder das Wort ‚Igel'. Einige Tage später bekommt das gleiche Kind im deutschen Kindergarten von der Erzieherin eine Erzählung über Igel vorgelesen oder es sieht auf einem Bild einen Igel. Weil das Kind dieses Tier aber schon früher zusammen mit der Mama kennen lernte und im Kopf bereits über eine Vorstellung davon verfügt, weiß es, wie ein Igel aussieht und wie er lebt. Die Kenntnis des Begriffs ‚Igel' in der ersten Sprache hilft dem Kind also, ihn in der fremden (zweiten) Sprache zu verstehen. Das Kind verbindet den fremdsprachigen Wortklang unmittelbar mir dem Bild und begreift schnell, dass das gleiche Tier zwei Namen trägt: ‚jeż' auf Polnisch und ‚Igel' auf Deutsch.

Hier ein persönliches Erlebnis, das diese Situation näher erklärt:

Eine Bekannte von mir unterhielt sich einmal mit ihrer Enkelin auf Polnisch über den heiligen Nikolaus, der am nächsten Tag der vierjährigen Katharina Geschenke bringen sollte. Die Oma erzählte, dass der Heilige früher ein Bischof war. Katharina kannte das Wort nicht und fragte auf Polnisch: „Babciu, co to jest biskup?" (Oma, was ist ein Bischof?). Die Großmutter antwortete spontan: „Biskup to jest »Bischof«" (Biskup, das ist ein Bischof). Die polnische Oma übersetzte nur das polnische Wort, gab aber der Enkelin keine Erklärung dieses Begriffs. Die kleine KATHARINA *aber hat keine Vorstellung und keine Ahnung von der Person des Bischofs weder in der polnischen noch in der deutschen Sprache. Die Oma müsste zuerst eine Definition dieses Wortes geben, beschreiben, dass ein Bischof ein Priester, der oberster Lehrer und Leiter einer Teilkirche ist, dass er einen rot-weißen oder gold-weißen langen Mantel trägt, eine Mitra auf dem Kopf hat und in der Hand einen Bischofsstab hält. Nach dieser Beschreibung hätte Katharina, so wie im Beispiel mit dem Igel, zuerst den Inhalt des Wortes begriffen und später seine Bezeichnung in zwei Sprachen gelernt.*

Das Erkunden der Welt und der mit ihr verbundenen Begriffe sowie der Wortschatz, den sich das einsprachige Kind in der Erstsprache (Muttersprache, Heimatsprache) aneignet, bilden eine Grundlage für das Beherrschen einer zweiten Sprache.

In der Muttersprache lernt ein Kind zu denken, sowie seine Gefühle, Emotionen und Bedürfnisse auszudrücken. Es knüpft die ersten Kontakte mit seinen Altersgenossen und erfährt, was Freundschaft bedeutet. Die Sprache wird zum Fundament seiner Identität und zur Grundlage der weiteren Entwicklung seiner Persönlichkeit. Deshalb ist die fehlerfreie Beherrschung der Erstsprache für das Kind von großer Bedeutung. Deshalb sollte sie immer, egal wo das Kind aufwächst, von den Eltern gepflegt werden. Ein Kind, das von Geburt an eine korrekte und fehlerfreie Ausdrucksweise seiner Eltern mitbekommt, entwickelt die Gewohnheit, sich ähnlich auszudrücken. Unbewusst strebt es danach, gleich gut wie sie zu sprechen. Der Ehrgeiz zweisprachiger Kinder geht dahin, sich gleichermaßen einwandfrei in der ersten wie der zweiten Sprache ausdrücken zu können.

Eltern, Erzieher und Lehrer sollten die zusätzliche Fähigkeit des Kindes schätzen, sich in einer zweiten Sprache darstellen zu können. Sie sollten die ‚fremde' Sprache willkommen heißen und unterstützen. Sie sollten sie nie als einen Makel – eine für die Erzieher unbequeme Last – betrachten.

Unvollkommene Zweisprachigkeit bei nicht im Heimatland der Eltern geborenen Kindern

Einwandererfamilien treffen auf unterschiedliche sprachliche Probleme. Je nachdem, ob die Kinder in ihrem Herkunftsland oder hierzulande geboren wurden. Jeder Mensch unterhält sich am liebsten mit Personen, die seine Muttersprache sprechen. Dieses Phänomen ist überall auf der Welt zu beobachten. Menschen gleicher Sprachen finden auf fremdem Boden schneller Anschluss an die neue Umgebung, wenn sie zuerst von Landsleuten aufgenommen werden. Die sozialen Kontakte sollen sich aber nicht nur auf diese homogene Gruppe beschränken. Bekanntschaften mit Einheimischen sind sehr wichtig. Nicht nur, um Freundschaften zu pflegen, sondern weil ausländische Eltern ihre Kinder beim Erwerb der zweiten Sprache durch Treffen mit deutschen Muttersprachlern unterstützen. Es genügt schon, sich zu besuchen oder auf dem Spielplatz zusammenzutreffen, um den Kindern das gemeinsame Spielen mit den fremdsprachlichen Gleichaltrigen zu ermöglichen.

Allerdings fehlt den fremdsprachigen Eltern oft der Mut, neue Bekanntschaften mit Fremdsprachigen zu schließen oder existierende Freundschaften zu pflegen. Oft meiden sie jeden Kontakt mit der fremden Umgebung, da sie sich selbst schlecht verständigen können. Ihre Sprachfähigkeiten reichen nicht aus, um die Mühen einer Konversation auf sich zu nehmen. Auch deswegen verbringen viele ausländische Mütter (während die Väter arbeiten) absichtlich die meiste Zeit mit ihren Kindern zu Hause. Sie gehen nicht gerne nach draußen, möchten sich mit niemandem treffen. Sie ziehen sich zurück, weil sie innerlich Angst haben, Fremden zu begegnen, die sie nicht verstehen können. Die Hauptverlierer sind die Kinder: ihre Altersgenossen könnten für sie die besten Sprachlehrer sein.

Der Kindergarten kommt später gerade recht. Meist nach dem dritten Lebensjahr fängt die Betreuung und Erziehung des Kindes außerhalb des eigenen Zuhauses an. Nun verbringt das Kind tagsüber viel Zeit ohne Mutter und ohne die Möglichkeit, auf die Erstsprache zurückzugreifen. Die einzigen Bezugspersonen sind jetzt die Erzieherinnen, die das Kind in der Zweitsprache anreden, die bisher unzureichend bekannt war. Am Anfang des Kindergartenbesuchs kann ein ausländisches Kind viele stressige Situationen erleben, die mit seinem früheren, oft kulturell andersartigen Erziehungsstil zusammenhängen. Die neue Umgebung und die unterschiedlichen Verhaltensregeln, fremde Kinder, unbekannte Erzieherinnen und in erster Linie die neue Sprache können für das Kind zur Belastung werden. Es ist wichtig, dass die Eltern in dieser Phase viel Geduld und Verständnis zeigen sowie dem Kind viel Gefühl entgegenbringen. Nach einigen Monaten wird alles wieder gut werden, und das Kind lernt sein ‚zweites Zuhause' lieben.

Durch den häufigen Kontakt mit anderen Kindern, durch intensives Spielen und durch das didaktische Programm wird die Umgebungssprache für das ausländische Kind verständlicher und leichter in der Anwendung. Dies alles bewirkt ein schnelleres weiteres Lernen.

Liebe Eltern,
vergesst im Interesse der zweisprachigen Erziehung nicht, eure Familiensprache weiter zu pflegen und zu benutzen. Wichtig ist, dass ihr zu Hause das Kind weiterhin konsequent in eurer Heimatsprache ansprecht. Achtet darauf, dass die Sprache, die ihr verwendet, auch einwandfrei und korrekt bleibt. Nur so kann euer Kind zwei Sprachen fließend lernen.

Viele Eltern, die im Ausland leben, beginnen irgendwann bewusst sich mit dem Kind in der Umgebungssprache zu verständigen, um ihm bei der Beherrschung dieser Sprache zu helfen. Allerdings sind es in der Regel bloß einzelne Ausdrücke, wie „Komm her!", „Bitte, das ist dein Brötchen.", „Magst du einen Lutscher?", „Wir gehen raus.". Die Kinder verstehen zwar diese fremdsprachigen Ausdrücke, aber bis zur vollständigen Beherrschung der Zweitsprache ist es noch ein sehr langer Weg.

Ein Vater, gebürtiger Russe, brachte jeden Tag seinen Sohn in den Kindergarten, den auch meine Töchter besuchten. Im Flur beim Umziehen wandte sich der Vater auf Deutsch an das Kind. Allerdings war dies keine liebevolle und gefühlsbetonte Vatersprache, sondern eine Reihe kurzer Aufforderungen. Es war keine Unterhaltung, sondern knappe Informationsvermittlung. Dieser Vater sagte nicht: „Liebling, komm zu mir, zieh dein Jäckchen aus und die Schläppchen an", sondern „Komm! Ausziehen! Hier deine Schuhe!"

Der Mann sprach seinen Sohn auf diese Art und Weise an, da seine Deutschkenntnisse nicht ausreichten, um sich in dieser Sprache mit seinem Sohn frei zu unterhalten. In seinem Bewusstsein entstand die Überzeugung, dass er mit dem Kind auf keinen Fall Russisch sprechen sollte – als wäre es nicht richtig. Ein derartiges Verhalten des Vaters benachteiligt leider das Kind, da es keine Botschaft von Sorge und Liebe empfängt, sondern nur Aufforderungen, die dazu noch sprachlich manchmal nicht korrekt sind: „Aufstehen!", „Geh!", „Iss!"

Auf diese Weise sprechen liebevolle Eltern ihre Kinder in solchen Situationen normalerweise nicht an. Eine Unterhaltung zwischen Eltern und Kindern dauert meistens länger, auch wenn sie sich beeilen. Die Sätze beinhalten emotionale Teile. Sie sollen durch eine warme Gestik und Mimik geprägt sein.

Ein Kind, das solche Aufforderungen von seinem Vater hört, kann leicht verwirrt werden. Es spürt Anspannung und eine gewisse Kälte beim Vater. Es bemerkt, dass etwas Unnatürliches, künstlich Erzwungenes geschieht.

Unvollständige Zweisprachigkeit bei im Heimatland der Eltern geborenen Kindern

In einer ganz anderen Situation befinden sich diejenigen Familien, die in das neue Land mit schon älteren Kindern kommen. Diese Kinder wurden in der Heimat der Eltern geboren wie zum Beispiel eine junge deutsche Familie, die in die USA auswandert. Diese Kinder verbrachten ihre frühe Kindheit in einer Nachbarschaft umgeben von Gleichaltrigen und Erwachsenen, die dieselbe Sprache sprachen wie die Kinder selbst. Die Kinder, die in ihrem Heimatland den Kindergarten oder die Schule besuchten, erwarben bereits eine recht gute Sprachkompetenz. Sie kennen viele Begriffe, Definitionen und ihr Wortschatz ist reich und differenziert. Die Fähigkeiten zum Lesen und Schreiben sowie das Weltwissen sind bei den Kindern schon einigermaßen gut entwickelt.

In ihrer neuen Heimat begegnen solche Familien anderen Schwierigkeiten als denjenigen, die im vorigen Abschnitt beschrieben wurden. Das wichtigste Ziel aller Familienmitglieder ist der schnelle Erwerb der Umgebungssprache. Die Eltern, aber vor allem die Kinder, müssen die für sie fremde Sprache so schnell wie möglich lernen und beherrschen, um sich in der neuen Umwelt problemlos zu bewegen. Die Kleinen haben es etwas leichter, da ihnen gleich Kindergarten oder Schule helfen. Dort lernen sie die Zweitsprache auf eine ähnliche Weise, wie sie ihre Erstsprache gelernt haben. Die Eltern müssen einen Sprachkurs für Erwachsene besuchen, der nicht immer den erwarteten Erfolg bringt.

Die Kinder brauchen vor allem Zeit, um die neue Sprache zu verstehen und anzufangen, in ihr Gespräche zu führen. Der Lernprozess lässt sich nämlich nicht beschleunigen, nur unterstützen.

Zu welchem Lerntyp gehört mein Kind?

Das Erlernen der Zweitsprache im Kindergarten oder in der Schule ist ein langfristiger Prozess, dessen Ergebnisse lange abgewartet werden müssen, und das, obwohl die allgemeine Meinung vorherrscht, dass Kinder schnell lernen. Jedes Kind lernt anders, und die Art und Weise, wie es sich die Strukturen der fremden Sprache aneignet, ist individuell. Sie hängt in hohem Maße von den Sprachfähigkeiten des Kindes ab, die in seinem Alter noch tief verborgen sind.

Für die Art und Methode des Lernens sind das Temperament und die Persönlichkeit des Kindes entscheidend. Offene, direkte und ihrer Umgebung gegenüber optimistisch eingestellte Kinder wünschen sich und suchen Kontakte zu Gleichaltrigen. Sie wollen mit ihnen Freundschaften schließen und gemeinsam spielen. Die Folge ist ein schnelleres und effizienteres Erlernen der neuen Sprache.

Auch die Umgebung des Kindes spielt im Lernprozess eine wichtige Rolle. Das Kind muss sich wohl und entspannt fühlen. Die freundliche Einstellung anderer Kinder zum neuen Kameraden, die freundlichen Blicke der Erzieherinnen oder Lehrerinnen beschleunigen das Beherrschen des Wortschatzes und der Sprachregeln.

Obwohl es unglaublich klingt, entscheidet auch der Klang der neuen Sprache darüber, ob ein Kind anfangen wird sie zu mögen oder nicht. Wenn ihre Melodie das Kind nicht gleich anspricht, wird es länger brauchen, um Zugang zu der neuen Sprache zu finden und mit dem Lernen anzufangen. Leider können weder die Eltern noch die Lehrer im Voraus sagen, wie lange dieser Prozess beim Kind dauern wird und wann es eine adäquate Sprachkompetenz erreicht. Es ist auch nicht vorhersagbar, welchem Lerntypus das Kind angehört und wie es die zweite Sprache erlernen wird. Hier entscheiden individuelle Veranlagungen. Am wichtigsten ist, dass sich die Eltern und Lehrer im Klaren sind, dass es verschiedene Lerntypen gibt und die Methode akzeptieren, die ihr Kleinkind im Erwerb sprachlicher Fertigkeiten anwenden wird.

Die Lehrer unterscheiden zwischen zwei Lerntypen von Schülern, die eine Zweitsprache auf eine ähnliche Art und Weise erlernen, wie sie die Erstsprache erworben haben.

Organisator

Zum Lerntyp ‚Organisator' gehören in der Regel ruhige, verschlossene Kinder. Sie lernen die neue Umwelt kennen, indem sie versuchen, die in ihr herrschenden Regeln genau kennen zu lernen. Im Kindergarten oder in der Schule sagt der ‚Organisator' manchmal drei, vier Monate lang kein einziges Wort. Er sitzt ruhig und einsam im Klassenzimmer, beobachtet den Lehrer und die anderen Schüler, meldet sich aber selbst nie zu Wort. Ein erfahrener Lehrer weiß, dass dieses Kind Zeit braucht, um die neue Sprache zu kodieren und seinen Bedürfnissen anzupassen, deswegen akzeptiert er dieses Verhalten. Nach einem längeren Zeitabschnitt, in dem die neuen Sprachstrukturen gespeichert und im Gehirn strukturiert werden, kommt fast von einem Tag auf den anderen ein Umbruch im Begreifen der neuen Sprache. Der Schüler öffnet sich der neuen Umgebung, fängt an, auf die Umwelt zu reagieren und versucht die Fragen des Lehrers zu beantworten. Er nimmt auch die Angebote zum gemeinsamen Spielen mit anderen Kindern an, oft initiiert er die Spiele selbst.

Das Besondere und Phänomenale am ‚Organisator' ist die Fähigkeit, ganze und vollständige Sätze zu formulieren. Wenn ein

Schüler dieses Typus anfängt zu sprechen, sind seine Äußerungen oft sprachlich korrekt und die Aussprache einwandfrei.

In meiner Unterrichtspraxis beobachtete ich folgendes Sprachverhalten:

Die kleine Türkin Merve kam mit den Eltern im November nach Deutschland und wurde in die vierte Klasse eingeschult. Jeden Montag während der ersten Unterrichtsstunde fragte der Lehrer alle Kinder, wie sie das Wochenende verbracht hatten. Die Schüler erzählten, dass sie am Freitag ihre Hausaufgaben gemacht, am Samstag ferngesehen und am Sonntag mit den Eltern einen Spaziergang gemacht hatten.

Immer wieder stellte der Klassenlehrer dieselbe Frage auch an Merve. Sie schüttelte jedes Mal den Kopf. Das Mädchen verstand zwar die Frage des Lehrers, war aber noch nicht bereit, eine Antwort zu geben. Erst Ende März, an einem Montag wie jedem anderen, erzählte plötzlich Merve der ganzen Klasse, dass sie am Samstag im Schwimmbad gewesen war und am Sonntag mit ihrer Schwester zusammen gespielt hatte. In diesem Augenblick spendeten ihr alle Kinder der vierten Klasse Beifall. Sie freuten sich darüber, ihre Stimme zu hören, und nahmen sie herzlich in die Klassengemeinschaft auf.

In den nächsten Monaten machte Merve im Deutschen sehr große Fortschritte. Sie lernte korrekt lesen und unkomplizierte Erzählungen schreiben. Das Verhalten der Klassenkameraden war für sie eine große Belohnung und verstärkte ihre Motivation zum weiteren Lernen sehr.

Schöpfer

Diesen Lerntyp repräsentieren oft extrovertierte Kinder, dies heißt, sie sind schlagfertig, der Welt gegenüber offen, mutig und gesellig. Sie brauchen andere zum Leben und zum Überleben. Ein solches fremdsprachiges Kind lebt sich unter unbekannten Kindern und Lehrern sehr schnell ein. Dieses Kind stört es nicht, dass es sich in einer neuen Umgebung, einem fremden Kindergarten oder einer anderen Schule befindet. Ein solches Kind braucht die Sprache, um Freundschaften mit anderen Kindern zu schließen.

Der ‚Schöpfer‘ bekommt die Regeln, wie die neue Sprache funktioniert, schnell und ohne große Mühe mit. Mit Leichtigkeit lernt er neue Wörter, versteht und begreift sie und kann sie im Gespräch richtig anwenden. Solche Kinder können mit der Sprache experimentieren und tun es auch gerne. Aus den Bruchstücken der gehörten und nur zum Teil verstandenen Aussagen können sie ohne größere Schwierigkeiten Botschaften rekonstruieren. Deshalb wird dieser Typ als ‚Schöpfer‘ bezeichnet. In der Kommunikation mit den anderen Kindern greift er auf Ausdrücke zurück, die er aus der eigenen Muttersprache kennt. Er schert sich nicht darum, dass der Hörer sie nicht völlig versteht. Er besitzt doch auch noch Hände, mit denen sich so einiges zeigen lässt.

Ein Schüler dieses Typus fängt zwar früher an, die neue Sprache zu sprechen, macht aber im Vergleich zum ‚Organisator‘ viele Fehler. Seine Äußerungen sind chaotisch, die beiden Sprachen miteinander vermischt und die richtigen grammatikalischen Strukturen fehlen. Leider stößt der ‚Schöpfer‘ während seiner weiteren Schullaufbahn auf viele Probleme. Er findet es schwer, den komplexen Regeln zu folgen, aus denen sich eine Sprache zusammensetzt. Beim Schreiben von Aufsätzen verwendet er nicht die nötigen Grammatikregeln und hat Probleme mit dem Schreibstil. Der Schüler dieses Typs ist zu ungeduldig, um langsam und genau zu arbeiten.

Der neunjährige Eddy aus Togo (Westafrika), von dem mir eine befreundete Lehrerin erzählte, ist der Klassenliebling. Die Kinder lieben ihn, denn er ist fröhlich, lustig und witzig. Er begann ungefähr nach drei Wochen Deutsch zu verwenden, obwohl er zu Hause mit der Familie auf Französisch kommuniziert. Er ist ein Musterbeispiel von einem Schöpfer-Typ. Er spricht viel und laut, wendet eine expressive Sprache an, spricht mit den Kindern halb Deutsch und halb Französisch. Leider macht er auch nach ungefähr zwei Jahren Aufenthalt in Deutschland weiterhin Fehler. Im Unterricht kann er sich nicht richtig konzentrieren, stört ständig und zeigt Ungeduld. Die Lehrer sind manchmal verzweifelt, aber sie mögen ihn trotzdem sehr gerne.

Obwohl es am Anfang große Unterschiede zwischen diesen zwei Lerntypen gibt, gleicht sich das Sprachniveau der Kinder nach ein paar Jahren an.

3 Zweisprachige Familien

Wie sieht die Entwicklung der Zweisprachigkeit in bikulturellen Ehen aus?

Ein Kind, dessen Eltern unterschiedliche Muttersprachen sprechen, hat eine einmalige Chance zweisprachig zu werden. Ob es ihm wirklich gelingt, ob es beide Sprachen gleichermaßen gut beherrschen wird, hängt in hohem Maße von den Eltern ab, die ja für den Spracherwerb ihres Kindes zuständig sind.

Wenn sich die Eltern konsequent in ihren jeweiligen Muttersprachen an das Kind wenden, werden sie ihm helfen, alle nötigen Fähigkeiten zu entwickeln, die für eine korrekte und akzentfreie Aussprache und Intonation verantwortlich sind. Von großer Bedeutung ist auch ein systematischer Spracherwerb und dass die unterschiedlichen Sprachen immer von denselben fest bestimmten Personen verwendet werden. Damit ist gemeint, dass der Vater das Kind immer in seiner Muttersprache anspricht und die Mutter in ihrer.

Die Spracherziehung eines Kindes ist mit vielen Schwierigkeiten und einer großen Anstrengung seitens der Eltern verbunden. Es ist ein langwieriger und andauernder Prozess. Die Bereitschaft des Kindes, zwei Sprachen zu erlernen, ist eng mit der Reife seines Gehörsystems, der Hirnrinde und der Sprechorgane verbunden. Sie hängt auch vom Tempo seiner körperlichen, intellektuellen bzw. emotionalen Entwicklung ab.

Jedes gesunde Kind kann bis zum sechsten Lebensjahr ohne größere Mühe lernen, alle dargebotenen Laute nachzuahmen, unabhängig davon, woher es kommt und in welcher Sprachkultur es aufwächst. Bei einem Kind ist die Fähigkeit, sich diverse Sprachlaute merken und sie differenzieren zu können, außergewöhnlich gut ausgeprägt. Sein Artikulationssystem ist gut genug entwickelt, um alle beobachteten Klänge zu wiederholen. Dies hilft ihm, die Intonation und Melodie jeder Sprache fehlerfrei nachzubilden. Man sollte dies als eine Chance begreifen.

Der Kontakt mit den Eltern

In einer zweisprachigen Familie reagiert ein Säugling auf den Klang einer bestimmten Sprache abhängig davon, wer sie spricht. Das Kind lernt sehr früh, ein Gesicht mit der spezifischen Sprachmelodie des Vaters oder der Mutter zu verbinden. Deshalb ist es sehr wichtig, dass es von den Eltern von Anfang an jeweils in deren Muttersprachen angesprochen wird. Das bedeutet aber auch, dass die Eltern die Sprachen nicht tauschen und keinesfalls miteinander vermischen. Wenn sie immer dieselbe Sprache verwenden, helfen sie ihrem Kind, die spezifischen Merkmale zu erfassen, welche die beiden Sprachen voneinander unterscheiden.

Schon von Geburt an kommuniziert ein Kind mit seiner Umwelt durch Weinen, Schreien oder Brabbeln. Es gibt Laute von sich, bewegt seine Händchen und Füßchen und lächelt viel, wenn es entspannt und zufrieden ist. Je mehr Zeit es mit diesen Spielen verbringt, desto früher entwickelt sich seine Sprache als Kommunikationsmittel.

Es ist wichtig, dass seine Eltern in dieser Zeit möglichst viel Zeit mit dem Kind verbringen, denn jeder Augenblick ist wertvoll. Es hilft beiden Seiten, sich lieben zu lernen, sowie das Verhalten des Anderen zu verstehen. Durch das Sprechen mit dem Kind zeigen die Eltern ihr Interesse und vermitteln die Liebe, die so wichtig für seine Entwicklung ist.

Der körperliche Kontakt des Kindes mit der Mutter ist von großer Bedeutung, damit es sich ganz sicher fühlt und ausdrücken kann, was es empfindet. Bevor das Baby anfängt zu sprechen, bildet es nur unartikulierte Laute. Es ist wichtig, dass sich die Mutter in dieser Zeit auf einen Dialog mit dem Kind einlässt. Wenn sie die Laute hört, kann sie sie wiederholen und selbst etwas hinzufügen. Wartet sie eine Weile, hört sie eine interessante Antwort.

Das zweisprachige Kind lernt die unterschiedlichen Lautverbindungen durch eine intensive Bindung an die Eltern, die die einzelnen Sprachen verwenden. Weil sie das Ziel haben, ihrem Kind beide Sprachsysteme beizubringen, sollten beide, und zwar jeder für sich getrennt, mit dem Kind ähnlich viel Zeit verbringen und mit ähnlicher Intensität mit ihm spielen.

Es ist sehr wichtig, dass die sprachliche Kommunikation mit dem Kind von einem nahen emotionalen Kontakt begleitet wird. Es ist nicht gut, wenn die Eltern trocken Gegenstände benennen und emotionslos von den alltäglichen Abläufen erzählen. Während eines familiären Gesprächs sollen Mama und Papa ihr Kind aufmerksam ansehen, seine Gestik und seinen wechselnden Gesichtsausdruck beobachten. Dann werden sie in der Lage sein, achtungsvoll und engagiert die Bitten und die Wünsche ihres Kindes erfüllen zu können.

Während einer Unterhaltung mit dem Kind sollte man die Äußerungen nicht vereinfachen oder übermäßig viele Verkleinerungs- und Zärtlichkeitsformen verwenden. Es wäre gut, wenn die Eltern versuchen würden, normal zu sprechen und alle Wörter korrekt zu artikulieren. Die Erziehenden haben den Eindruck, dass kleine Kinder die ‚erwachsene‘ und ‚ernste‘ Sprache nicht verstehen, und ‚verkleinern‘ manche Wörter, um sie dem Niveau des Kindes anzupassen. Dabei haben die Kleinen die Gabe, die Sprache, die sie hören, nachzuahmen und zu erlernen. Sonst hätte keiner von uns je das Sprechen gelernt.

Neue Wörter kennen lernen

Bereits ein kleines Kind versucht, mittels Gestik mit seiner Umgebung zu kommunizieren. Wenn es einen Gegenstand bekommen möchte, sieht das Kind sowohl ihn, als auch die Person an, die ihn ihm geben könnte. Zusätzlich streckt es auch seine Hände in diese Richtung. Der Elternteil beobachtet diese Situation, gibt dem Kind das gewünschte Spielzeug und benennt es laut. So wird das Kind den Namen des Gegenstandes mit dem sprachlichen Begriff verbinden. So hört das Kind die Mutter, die ihm den ersehnten Ball reicht und auf Deutsch „Ball" sagt, sowie den französischen Vater, der denselben Gegenstand als „balle" bezeichnet.

Zweisprachig aufwachsende Kinder nehmen sprachliche Neuheiten sehr schnell auf. Jeden Tag lernen sie neue Begriffe und Ausdrücke kennen, die aber in einer doppelten Zahl vorkommen – nämlich aus der Sprache der Mutter und der Sprache des Vaters. Manche erlernen sie irgendwie gleichzeitig und manche erst nach einer gewissen Zeit.

Als meine Kinder noch ganz klein waren, gingen wir als Familie sehr oft im Park spazieren. Unterwegs sahen wir viele Vögel, meistens Tauben oder Enten. Jedes Mal, wenn ich einen Vogel sah, zeigte ich ihn den Kindern und benannte ihn mit dem polnischen Wort „ptak". Ein Augenblick später machte mein Mann dasselbe, wobei er das deutsche Wort „Vogel" sagte. Unsere Töchter lernten also zwei Namen (Bezeichnungen) für ein Tier gleichzeitig kennen.

Ein anderes Mal, als ich mit den Kindern allein war, löste ich mit ihnen Bilderrätsel und erzählte ihnen, was sich auf den einzelnen Teilen befand. An diesem Tag lernten die Kinder eine Anzahl von neuen Wörtern kennen, aber nur auf Polnisch. Einige Tage später spielte mein Mann mit ihnen dasselbe Spiel; nun benannte er alle Bilder auf Deutsch. So lernten die Mädchen die Namen aller Gegenstände in der zweiten Sprache, allerdings mit einer Verzögerung von einigen Tagen.

Die Erwachsenen haben oft den Eindruck, dass ein zweisprachiges Kind mit übermäßig vielen und diversen Informationen überlastet wird. Das Kind bewältigt es aber mühelos. Wenn es einer Aussage der Mutter zuhört, versteht es selbstverständlich nicht gleich jedes bei ihr vorkommende Wort. Intuitiv spürt es jedoch, welche Wörter wichtige Informationen enthalten. Es merkt auch, welche nötig sind, um den Sinn der gesamten Äußerung zu verstehen. Diese werden gespeichert und somit erlernt. Einige Tage später in einer ähnlichen Situation benutzt das Kind einen Ausdruck, dem es begegnet war. Die Eltern sind dann oft überrascht und fragen sich, woher der Sohn oder die Tochter so schwierige Bezeichnungen kennt.

Ein Kind, das in einer sprachlich gemischten Familie aufwächst, merkt sich die neuen Wörter je nach dem, in welcher Sprache es sie zum ersten Mal gehört hat oder in welcher Sprache sie von den Eltern häufiger verwendet wurden. Im Laufe der Zeit gleicht sich der Umfang des gehörten (aktiven) und gemerkten (passiven) Wortschatzes an. Es ist jedoch dann auch zu beachten, dass der Gebrauch der beiden Sprachen gleichermaßen intensiv bleibt. Die Eltern sollten darauf achten, dass das neu erworbene Wissen stets gepflegt und intensiviert wird.

Es passiert sehr oft, dass am Anfang der Zweisprachigkeit ein Kind einige Lieblingsausdrücke, die aus einer der beiden Sprache stammen, ständig verwendet, unabhängig von der Person, mit der es gerade spricht.

Als meine Tochter Anja *siebzehn Monate alt war, hörte sie immer wieder, wie ich ihr beim Spaziergang an einem kleinen Teich mit Entchen das Wasser zeigte und es auf Polnisch „woda" nannte. Mein Mann führte sie ebenfalls an denselben Ort spazieren und nannte den Teich auf Deutsch „Wasser". Meine Tochter kannte und verstand beide Begriffe, sie konnte sie auch fehlerfrei aussprechen. Jedoch jedes Mal, wenn sie*

Wasser sah, sein Geräusch im Badezimmer hörte oder beim Betrachten eines Bildes mit einem Meer, sagte sie laut und deutlich „Wasser". Das tat sie unabhängig davon, ob sie sich an mich oder an meinen Mann wandte. In Situationen, in denen nur ich und sie zusammen waren, korrigierte ich sie und ermutigte immer wieder auf Polnisch „woda" zu sagen. Jedoch sie blieb jedes Mal stur und wiederholte, als ob es nichts anderes gäbe, ihr deutsches „Wasser".

Umgekehrt war es mit dem polnischen Wort „but" (Schuh). Als sie mir vom Flur Schuhe holen sollte, sagte sie ein wenig auf ihre eigene Art „buta". Auch mein deutschsprachiger Mann hörte stets „Papi, buta", wenn er beim Heimkommen von ANJA Pantoffel an die Füße bekam. Einige Monate lang hörte er niemals das Wort „Schuhe", obwohl ANJA es gut kannte. Aussprechen aber wollte sie es damals nicht.

Zweisprachige Kinder verwenden lieber und häufiger diese Wörter, die für sie leichter auszusprechen sind. ANJA winkte freudig zum Abschied und sagte auf Polnisch „pa pa", und nicht auf Deutsch „winke, winke". Das gibt sich aber mit der Zeit.

Bei einem zweisprachigen Kind ist der passive Wortschatz immer reicher als der aktive, das heißt, es versteht mehr, als es selber in der Lage ist, zu verwenden. Es reagiert problemlos auf alle Aufforderungen der Eltern, braucht aber viel mehr Zeit, um mit ihnen ins Gespräch zu kommen.

Es gibt Kinder, die sich zwei Sprachen schnell und mit einer gewissen Leichtigkeit aneignen. Andere hingegen fangen später mit dem Sprechen an und der Prozess des Lernens bereitet ihnen immer wieder Schwierigkeiten. In beiden Fällen jedoch sollen die Eltern systematisch, ständig und mit viel Geduld jeden vom Kind kennen gelernten Begriff in ihren jeweiligen Sprachen wiederholen. Das Kind muss sich den neuen Wortschatz aneignen, ihn begreifen und mit der Person in Verbindung bringen, die ihn normalerweise verwendet. Es ist eine kontinuierliche Gedächtnisübung. Obwohl die Ergebnisse auf sich eine Weile warten lassen, bleibt das erworbene Wissen für lange Zeit da.

JULIETTE (8 Jahre), die in Frankreich in einer französisch-polnischen Familie aufwuchs, lernte von ihrer Mama sehr schnell die Bezeichnungen aller Monate auf Französisch. Auf Polnisch nannte sie sie fließend, aber nur bis Juli. Die restlichen Bezeichnungen konnte sie sich nicht merken. Im Gespräch mit ihrem polnischen Papa versuchte sie bewusst, französische Namen einzuflechten, obwohl sie genau wusste, dass sie beide Sprachen Polnisch und Französisch miteinander nicht vermischen darf. Der Papa gab sich aber nicht geschlagen. Er konnte die Vorstellung nicht zulassen, dass seine Tochter die Namen der Monate auf Polnisch nicht kennt: „Das ist doch nur eine Reihe der aufeinander folgenden Wörter." Zuerst in der Form eines Spiels und dann ernst, wiederholte er mit ihr alle Monatsnamen. Danach fragte er sie ab und jedes Mal stellten beide Eltern lächelnd fest, dass JULIETTE wieder den Oktober ausgelassen hat. Nach einigen Tagen gezielter Übungen konnte die Tochter problemlos alle Monate benennen. Dazu konnte sie sie simultan aus dem Polnischen ins Französische und umgekehrt übersetzen.

Nach welchem Prinzip lernt ein Kind zwei Sprachen gleichzeitig?

Die üblichste und für das Kind einfachste Methode einer zweisprachigen Erziehung lautet: *eine Person – eine Sprache*. Dies bedeutet die Zuordnung einer Sprache zu der Person, welche sie verwendet. Das heißt, dass die Mutter das Kind immer und überall nur in ihrer Sprache anspricht und der Vater nur in seiner. Es wird auch von dem Kind erwartet, dass es in der jeweiligen Sprache antwortet. Durch eine feste und strenge Trennung von Person und ihrer verwendeten Sprache helfen die Eltern dem Kind, die Sprache mit einer Person in Verbindung zu bringen. So entwickelt das Kind das Bewusstsein dafür, wie es sich an wen wenden soll, um richtig verstanden zu werden.

Wenn die zweisprachige Erziehung simultan, das heißt gleichzeitig verläuft, lernt ein kleines Kind von Geburt an beide Sprachmelodien voneinander zu unterscheiden, die Intonation, den Klang der Stimme, den Akzent und den Wortschatz zu erkennen.

Wenn die Eltern dieses Prinzip konsequent einhalten, bekommen die Kinder eine große Chance, vollständig zweisprachig aufzuwachsen. Man könnte sagen, dass beide Sprachen ihre Erstsprachen sind. Das heißt, dass die sprachliche Sensibilität, das Artikulationssystem, der Wortschatz und die verbalen Reaktionen in diesen beiden Sprachen ähnlich gut entwickelt sind.

Diese Methode erleichtert dem Kind das Kennenlernen, Wahrnehmen und Empfinden der Welt, weil es ihm die Kommunikation ermöglicht, die seinen Bedürfnissen entspricht. So redet ein in Spanien aufwachsendes Kind mit den Spaniern Spanisch, und es spricht in Deutschland mit den Deutschen Deutsch. Auch in Spanien mit den Deutschen wird dieses Kind nur Deutsch sprechen.

Eine kontinuierliche und konsequente Verwendung der Methode *eine Person – eine Sprache* durch die Eltern hilft den Kindern dabei, sich ein volles Bewusstsein der Existenz zweier getrennter Sprachsysteme einzuprägen. Dadurch wissen die Kinder genau, wie sie sich mit bestimmten Personen unterhalten sollen.

Während unserer Aufenthalte in Polen kommt es oft vor, dass die Bekannten einschätzen möchten, wie gut meine Töchter Deutsch sprechen. Sie zeigen Interesse für ihre sprachlichen

Fähigkeiten und ihren Wortschatz, wollen sich ihre korrekte Aussprache anhören. Während solcher Gespräche stellen sie ihnen Fragen auf Deutsch und erwarten eine Antwort in dieser Sprache. Die Kinder jedoch mögen solche Situationen nicht und fühlen sich sehr verunsichert. Sie sind verwirrt und verstehen nicht, wieso die Erwachsenen sie nun so unnatürlich ansprechen. Sie sind doch unter Polen, begreifen also nicht, warum diese sich plötzlich auf Deutsch an sie wenden.

Die Mädchen reagieren auch deshalb nicht, weil in ihrem Bewusstsein das Prinzip der Kommunikation: eine Person – eine Sprache verletzt wurde. Sie wissen sehr gut, dass die Polen in Polen nur Polnisch sprechen. Die Töchter achten in ihrer Zweisprachigkeit darauf, die zwei Sprachsysteme nicht miteinander zu vermischen und setzen dies auch bei ihren Gesprächspartnern voraus. Deshalb zucken sie meist bloß mit den Schultern und antworten gar nicht.

Es gibt allerdings ein kleines Geheimnis, wie man ein zweisprachiges Kind dazu veranlasst, für einen kurzen Augenblick die Hauptfunktion der Sprache, die in spontaner und freier Kommunikation vorhanden ist, zu vergessen und etwas in einer anderen Sprache auf einem fremden Territorium zu sagen: Man muss das Kind nur bitten, ein in der Schule oder im Kindergarten erlerntes Lied zu singen. Kinder singen gern und in diesem Augenblick vergessen sie meist, dass sie es in einer anderen Sprache tun als die, die man der Umgebung halber hätte wählen sollen.

Kinder in sprachlich gemischten Familien lernen am schnellsten und am besten die Sprache, die von der Mutter gesprochen wird. Unabhängig davon, ob sie eine Ausländerin oder eine Einheimische ist. Für die Kinder ist und bleibt sie immer die erste Ansprechpartnerin. Die Kinder hören ihre Stimme, spüren ihre ständige Anwesenheit, wenden sich gerne an sie und kuscheln mit ihr. Sie ist diejenige, die mit ihnen die meiste Zeit verbringt, die Hausaufgaben kontrolliert, Hilfe anbietet und jederzeit für sie da ist. Das volle Engagement der Mutter in der Erziehung der Kinder und ihr tiefes Interesse für ihre sprachliche und intellektuelle Entwicklung kostet viel Mühe und ist insbesondere in den ersten Lebensjahren der Kinder sehr anstrengend. Doch in der Zukunft wird die schwere Arbeit Früchte tragen.

Während der gemeinsamen Mahlzeiten unterhalten sich ANJA und JULIA oft auf Polnisch. Während der Aufenthalte in Polen sprechen die Mädchen zuerst miteinander Deutsch, doch nach einiger Zeit wechseln sie ins Polnische. Wie schnell das passiert, hängt davon ab, wie intensiv ihre Kontakte zu den polnischen Kindern sind und wie viel Zeit sie mit ihnen verbringen.
Bis zu dem Moment, als ANJA in den Kindergarten ging, verständigten sich die Kinder untereinander nur auf Polnisch.

Abb. 2: ... neulich bei Familie Baumgartner ...

Sie verbrachten ja die meiste Zeit mit mir und wurden ständig mit dieser Sprache ,bombardiert'. Nach etwa einem Jahr im Kindergarten nahm das Deutsche für ANJA die Stellung einer gemeinsamen Spielsprache in den Kontakten mit anderen Kindern an und drang langsam zu uns nach Hause. Seitdem fingen die Mädchen immer häufiger an, beim Spielen Deutsch zu benutzen, obwohl JULIA immer noch die meiste Zeit mit mir verbrachte.

Seitdem ANJA in die Schule geht, kommunizieren die Mädchen miteinander fast immer nur auf Deutsch. Wenn wir zu dritt Bus fahren und uns die erlebten Ereignisse des Tages erzählen oder wenn wir gemeinsam toben, ist Polnisch unsere gemeinsame Sprache. Dann reden auch die Kinder miteinander Polnisch. Gehe ich aber für einen Augenblick weg, schalten die Mädchen sofort aufs Deutsche um.

Viele Erwachsene aus sprachlich gemischten Familien, die in ihrer Kindheit nach dem Prinzip *eine Person – eine Sprache* aufwuchsen, halten sich an diese Regel auch im späteren Alter. Sie sprechen weiterhin ihre Eltern in deren jeweiligen Sprachen an. Viele Zweisprachige betonen die Wichtigkeit, den Wert und die emotionale Bedeutung eines solchen Handelns.

PAULA, die Tochter einer Italienerin und eines Deutschen, kommuniziert mit ihren Eltern im Alter von 24 immer noch gemäß diesem Prinzip. Geboren in Deutschland wendet sie sich an den Vater auf Deutsch und an die Mutter ausschließlich auf Italienisch. Natürlich weiß PAULA Bescheid, dass ihre Mutter sehr gut Deutsch spricht und alles versteht, da sie seit 26 Jahren in Deutschland lebt und arbeitet. Sie bringt es aber nicht übers Herz, die Mutter anders als auf Italienisch anzusprechen. Die junge Frau studiert Jura, ihre Ausbildung erfolgt grundsätzlich auf Deutsch. Auch ihre Kontakte mit

Freunden und das gesamte studentische Leben finden auf Deutsch statt. Obwohl sie in Deutschland zur Welt gekommen und groß geworden ist, sagte mir PAULA, dass sie sich während der Ferien in Italien am freiesten fühlt. Sie ist dort entspannter und lockerer. Auch fühlt sie sich mit der Sprache der Mutter emotional mehr verbunden als mit der des Vaters. Als Beweis dafür erzählte sie mir eine kurze Geschichte. Vor ein paar Jahren nach einem schweren Unfall und einer gefährlichen Operation fiel sie für einige Tage ins Koma. Sehr interessant war, dass nach dem Aufwachen der erste von ihr ausgesprochene Satz auf Italienisch kam.

PAULA hat mir auch berichtet, dass es besondere Situationen gibt, in denen sie gezwungen ist, sich mit ihrer Mutter auf Deutsch zu unterhalten. Dies tut sie aber nur ungern. Es sind die Situationen, in denen sie sich beide in einer Gruppe von Menschen befinden, die kein Italienisch versteht. Dann verlassen sie beide das Prinzip eine Person – eine Sprache und sprechen aus Höflichkeit miteinander Deutsch, um auch von den Gästen verstanden zu werden. PAULA verabscheut diese Situationen, da sie sich sehr verfremdet vorkommt, wenn sie auf diese Art mit ihrer Mutter kommuniziert. Deshalb sieht sie sie in diesem Moment kaum an, eher wendet sie den Blick zu den Gästen, als ob sie nur mit ihnen spräche. So vermeidet PAULA einen direkten ‚deutschen' Kontakt mit der Mutter.

PAULAS Bruder ist einige Jahre jünger als sie, und obwohl auch er sich mit der Mutter auf Italienisch unterhält, ist er nicht immer konsequent. Er wählt lieber Deutsch, da diese Sprache für ihn einfacher ist und ihm emotional näher steht. Wenn er aber der Mutter sprachlich näher stehen und sie für eine Weile nur für sich haben möchte, spricht er mit ihr Spanisch. Es ist nämlich die dritte Sprache, die in dieser Familie gesprochen wird, die aber nur Mutter und Sohn kennen und gebrauchen.

Eine ständige Pflege der Sprache und die Versorgung des Kindes mit genügend sprachlichen Reizen beeinflussen seinen Wortschatz und die Kenntnisse der jeweiligen Sprachregeln. So können die Kinder vollständig zweisprachig werden und nicht halbsprachig oder semilingual, was bedeuten würde, dass keine der beiden Sprachen voll entwickelt und ausgebildet ist sowie beherrscht wird. Die sprachlich gemischten Familien kann man in zwei Gruppen trennen, in Abhängigkeit davon, welcher Elternteil welche Sprache spricht.

In der ersten Gruppe spricht die Mutter die Sprache der Umgebung, der Vater ist fremdsprachig. In der zweiten Gruppe ist es umgekehrt, der Vater spricht die Sprache der Umgebung und die Mutter ist ausländischer Herkunft. Je nachdem, ob der Vater oder die Mutter eine fremdsprachige Person ist, kann man viele Unterschiede in der Einstellung zur Spracherziehung des Kindes beobachten. Eine wichtige Rolle im Erwerb der konkreten Sprache der Mutter oder des Vaters spielt auch die Sprache der Familienkommunikation. Hier handelt es sich um die Sprache, die während der gemeinsamen Mahlzeiten, Spaziergänge oder beim Autofahren überwiegt.

Eine einheimische Mutter und ein ausländischer Vater

In Familien, in denen die Mutter einheimisch ist und mit dem Kind die Sprache der Umgebung spricht, während der Vater eine andere Muttersprache hat, erwerben die Kinder seltener die Sprache des Vaters. Männer haben in der Regel mehr Zweifel als die Frauen, was die Spracherziehung des Kindes anbetrifft.

Nicht alle Männer fühlen sich sofort wohl und bequem in der Vaterrolle. Manchmal brauchen sie einige Tage, Wochen oder sogar Monate, um sich dessen bewusst zu werden, dass nun ihr Kind zur Welt gekommen ist. Dieses neue Wesen ist ein Fremder, mit dem sie zuerst eine Bekanntschaft schließen müssen. Oft können sie auch den Säugling nicht ansprechen, da sie das Gefühl haben, dass er weder etwas hört noch versteht. Aus diesem Grund haben junge Väter die meisten Probleme, sich an der sprachlichen Erziehung des eigenen Kindes zu beteiligen. Sehr wichtig in dieser Situation ist das Einfühlungsvermögen seitens der Ehefrau. Sie sollte versuchen, die Unsicherheit des Vaters zu verstehen, ihm Hilfestellung zu geben und die neue Rolle zu akzeptieren.

Fremdsprachige Väter haben es doppelt so schwer. Zu den oben erwähnten Problemen kommt hinzu, dass sie auch noch eine andere Sprache sprechen. Diese Väter haben eine besondere Aufgabe. Dabei wäre es bei ihnen sogar am wichtigsten, sich am besten noch im Krankenhaus an das Kind zu wenden: es zu küssen, mit ihm zu kuscheln und ihm viel von sich zu erzählen. Die Väter sollten mit dem Kind in der eigenen Sprache sprechen, damit sie sich schnell selbst an diese Art der Kommunikation gewöhnen. Die Wirklichkeit ist jedoch oft anders.

Der Ehemann von LEONIE *ist Ägypter. Als angesehener Rechtsanwalt verbrachte er nur wenig Zeit zu Hause mit seinen Kindern. Verglichen mit der Mutter war sein Kontakt mit den Nachkommen seltener und weniger intensiv, da er sehr schwer und viel gearbeitet hat. Wenn er am späten Abend heimkehrte, war er sehr froh, wieder unter seinen Lieben zu sein. Er war aber so müde, dass er nur die Kinder nach ihrem Wohlbefinden und den neuesten Erlebnissen und Ereignissen fragte. Erschöpft vom langen Arbeitstag hatte er keine Zeit und Lust, die eigene Muttersprache zu pflegen und gab sich deshalb auch keine Mühe, sie an die Kinder weiter zu geben. Um mit ihnen schnell ins Gespräch kommen zu können, sprach er sie in Deutsch an, weil diese Sprache in dem Moment für alle verständlich war. Und es ging auch leichter.*
Mein Bekannter gab einmal zu, dass er sich aus eigener Nachlässigkeit, Bequemlichkeit, keine speziellen Gedanken darüber

machte, den Kindern den Weg zur deutsch-arabischen Zwei-sprachigkeit zu eröffnen. Jetzt nach so vielen Jahren bedau-ert er sein Verhalten, aber dieses Problem spielt für ihn keine große Rolle.

Der Mann entschuldigt zwar seine Haltung, jedoch sieht er nur eine Seite dieses Geschehens. Seine Kinder sehnen sich nicht nach dem Nahen Osten, da sie keine Verbindung mit ihm haben. Sie hatten keine Möglichkeit, die dort lebenden Verwandten kennen zu lernen, haben dort gar keine Freunde und keine bekannten Orte. All dies, weil sie die Sprache, die dort gesprochen wird, nicht sprechen und nicht verstehen.

Es gibt viele Väter, die lange damit zögern, den eigenen Kin-dern ihre Muttersprache beizubringen. Sie sind sich dessen be-wusst, dass sie im Vergleich zur Mutter mit den Kindern viel weniger Zeit verbringen werden. Deshalb befürchten sie, der Anforderung, den Kindern die eigene Kultur, Tradition und Bräuche näher zu bringen, nicht gerecht werden zu können.

Sie sind fest davon überzeugt, dass die Kleinen schneller und leichter die Sprache der Mutter erlernen, wenn sie sie am An-fang nicht durch die Einführung einer zweiten Sprache stö-ren werden. Die Väter meinen, sie werden erst dann anfangen, mit dem Kind in ihrer Muttersprache zu sprechen, wenn es die Sprache der Mutter oder die Landessprache bereits gut beherr-sche. Bis dahin, also bis zum Erreichen des zweiten bis dritten Lebensjahres, werden sie sich mit dem Kind in der Umgebungs-sprache verständigen, weil diese Sprache eben von den Kindern am häufigsten verwendet wird.

Andere Väter behaupten, sie würden erst anfangen, dem Kind die eigene Muttersprache beizubringen, wenn es in den Kinder-garten gehen wird. Sie sind der Meinung, dass man „sich erst mit einem so großen Kind normal unterhalten kann. Erst wenn das Kind dieses Alter erreicht hat, kann man mit ihm durch

Spiel und Spaß einen echten sozialen Kontakt aufnehmen". Es gibt nichts Trügerisches als diese Meinung.

Die Eltern sollten verstehen und sich dessen bewusst werden: Die kindliche Entwicklung ist ein kontinuierlicher Prozess. Ein langer Weg, der gleich nach der Geburt des Kindes anfängt und das ganze Leben lang dauert. Ein Mensch lernt ununterbrochen, jeden Tag bereichert er sein Gehirn mit neuen Wörtern, Redewendungen und Grammatikregeln. Kann man also feststellen: „Mein Kind kann schon sprechen! Ab heute werde ich also mit ihm in meiner Muttersprache sprechen."? Ohne ständige Sprachreize, ohne die Förderung seiner Kreativität durch Bücherlesen oder lautes Singen, wird sich seine Sprache nicht richtig entwickeln können.

In meinem Bekanntenkreis gibt es zwei Familien, in denen ich eine ähnliche, abwartende Einstellung der Väter beobachten konnte. In beiden Familien waren die Mütter Polinnen, die Väter berufstätige Amerikaner. In beiden Familien kommunizierte man miteinander auf Deutsch. Die Väter waren aus beruflichen Gründen viel außer Haus und verbrachten deshalb auch weniger Zeit mit den Kindern als ihre Frauen. Die Pflicht der sprachlichen Erziehung lag also bei den Müttern, die Tag für Tag allein ihre Kinder pflegten. In einer dieser Familien sprach die Mama mit der Tochter Deutsch, in der anderen vermittelte sie Polnisch.

In diesen beiden Familien stießen die Väter auf ein ähnliches Problem: Wann soll man anfangen, mit den Töchtern Englisch zu sprechen? Beide waren davon überzeugt, dass man mit einem Kind erst auf Englisch kommunizieren könne, wenn es die Sprache der Mutter versteht und gut beherrscht. Beide Männer gingen davon aus, dass eigentlich die Mutter dafür zuständig sei, dem Kind die erste Sprache zu vermitteln. Und die Väter würden irgendwann später damit anfangen, dem Kind die eigene Sprache beizubringen. Aber wann ist irgendwann? Leider niemals. Es gibt keinen solchen Moment, ab dem man feststellen kann: „Mein Kind kann schon sprechen".

Die oben beschriebenen Bekannten zögerten den lange abgewarteten Augenblick zu weit hinaus und bis zum heutigen Tag spricht keines der beiden Mädchen Englisch. Eines ist jetzt sechs Jahre alt und geht in die erste Klasse der Grundschule, das andere ist 4. Zwei Beispiele für verpasste Gelegenheiten.

Fremdsprachige Väter verbringen aus beruflichen Gründen sehr viel Zeit außer Haus, und in der Arbeitswelt verwenden sie meist nur die Umgebungssprache. Im Laufe der Zeit wird diese Sprache zur Sprache ihres Alltags, sie wird führender (dominanter) als die eigene Muttersprache und in Gesprächen mit Landsleuten öfter verwendet. Kommen die ausländischen Väter abends geschafft von der Arbeit nach Hause, sprechen ihre Frauen sie natürlich auch in dieser Sprache an, weil sie die Heimatsprachen der Ehemänner oft nicht kennen. Aus Bequemlichkeit wechseln die Männer dann auch nicht in die andere, ihre eigene Muttersprache, wenn sie sich an die Kinder wenden. Es ist ja eine Sprache vorhanden, die alle Anwesenden verstehen. Aus diesem Grund machen sich die Väter auch keine Gedanken darüber, wie wichtig es wäre, die eigene Muttersprache den Kindern beizubringen. Natürlich gibt es auch Väter, die sich sehr viel Mühe geben und versuchen, mit den Kleinen ihre Muttersprache zu sprechen. Oft verzichten sie aber darauf, vor allem dann, wenn die Kinder anfangen, in einer anderen Sprache, meist der Umgebungssprache, zu antworten. Dies ist selbstverständlich, weil sie die Sprache den ganzen Tag hören und sie, vor allem in den Kontakten zu den Schulkameraden, anwenden. Als Hindernis erwiesen sich auch mangelnde Zeit und Geduld.

Liebe Ehefrauen,
eure ausländischen Partner müssen sich bei der Erziehung der Kinder sicher und wichtig fühlen, deswegen brauchen sie eure Hilfe und psychische Unterstützung. Nur ihr könnt es schaffen, dass sie verstehen, wie wertvoll für die Kinder die Kenntnis der Papasprache und ihrer Kultur ist. Gehaltvolle Gespräche können behilflich sein, ihnen das Phänomen der Zweisprachigkeit, ihr Potenzial und ihren Reichtum zu erklären.

Ausländische Mutter, einheimischer Vater

Die sprachliche Situation und somit die Kindererziehung sieht in gemischten Familien, in denen die Mutter eine andere Sprache spricht als die Umgebung, ganz anders aus. In diesem Fall trägt sie und nur sie alleine die Verantwortung dafür, dass die Kinder ihre Muttersprache, die Kultur und Erlebnisse ihrer eigenen Vergangenheit kennen lernen. Es ist eben die Mutter, die den Kleinen in ihrer Sprache über die Welt ihrer Kindheit erzählt, lustige Kinderlieder vorsingt, die sie selber im Kindergarten lernte und Kindergedichte vorspricht, die sie von ihren Eltern kennt. Sie ist diejenige, die am häufigsten die Kinder ins Bett bringt, mit ihnen betet und ihnen ihre Lieblingsmärchen vorliest. Der Tagesablauf mit der Zubereitung der Mahlzeiten und der Pflege der Kinder und des Hauses sind mit Gedanken und Äußerungen in ihrer Muttersprache gefüllt. Sie denkt laut nach: ‚Was soll ich kochen und wie?‘, ‚Was soll ich den Kindern erzählen, wie soll ich ihnen dieses Problem erklären?‘, überlegt sie in ihrer Sprache. Dies ist ein spontanes und natürliches Verhalten. Die Mutter erlebt den Tag direkt und unmittelbar in ihrer Muttersprache. Der Wortschatz und die floskelhaften Ausdrücke der eigenen Sprache sind ihr am besten bekannt, die kann sie jederzeit fehlerfrei und richtig einsetzen. Eine derart authentische Sprache eignen sich die Kinder am liebsten, am schnellsten und mit den wenigsten Fehlern an.

Manche Mütter, auch diejenigen, die die Umgebungssprache sehr gut beherrschen, sprechen ganz bewusst und zielgerichtet mit ihren Kindern ausschließlich in ihrer eigenen Muttersprache. Sie entscheiden sich dafür aus einem ganz subtilen Grund: Weil sie ihre Heimat sehr vermissen. Sie sehnen sich nach ihren Familienangehörigen und Freunden, vermissen den Wohnort und die vertraute Umgebung, in der sie groß geworden sind. Damit sie angesichts der fehlenden heimatlichen Eindrücke und Erinnerungen nicht in Depressionen verfallen, setzen sie sich zum obersten Ziel, mit den Kindern nur in ihrer Muttersprache zu sprechen und damit alles weiterzugeben, was mit ihrer Herkunft verbunden ist. Dadurch zaubern die ausländischen Mütter bei sich zu Hause ein Stück Heimat herbei und fühlen sich dadurch glücklicher. Es soll ein Ersatz für die unglaubliche und unbeschreibliche Sehnsucht sein.

Dieser Traum, obwohl er einen utopischen Gedanken darstellt, ist so stark und unfassbar, dass er von einem Menschen, der sein Herkunftsland nie für eine längere Zeit verlassen hat, kaum begriffen werden kann.

In sprachlich gemischten Familien, in denen die Mutter fremdsprachig ist und der Vater ein Einheimischer, kommt es sehr selten vor, dass die Sprache der Mutter zur Kommunikationssprache zwischen den Eheleuten wird. Die Frauen passen sich eher den Bedürfnissen der Umgebung an und erlernen rasch die zweite Sprache. Das folgende Beispiel zeigt eine umgekehrte Situation, die in der Familie meiner Freundin vorkam:

Veronika, eine Mexikanerin, lebte mit ihrem deutschen Mann sechs Jahre lang in Deutschland und hier kam auch ihre Tochter auf die Welt. Während des Aufenthalts in Europa kommunizierte sie mit Antonia nur auf Spanisch. In den ersten

Lebensjahren des Mädchens war VERONIKA nicht berufstätig, sie blieb zu Hause und widmete sich völlig der Erziehung ihrer Tochter, während ihr Ehemann zur Arbeit ging. VERONIKA sprach damals noch nicht fließend Deutsch, hatte nur selten Kontakt mit anderen deutschsprachigen Müttern und deren Kindern, deshalb hörte die kleine ANTONIA tagsüber fast nur Spanisch.

VERONIKAS Ehemann sprach fließend Spanisch, deswegen ist das Spanische bald zur Familiensprache geworden. FELIX merkte schnell, dass seine Tochter sich besser und lieber in der Muttersprache seiner Frau unterhielt als auf Deutsch, also sprach er sie auch so an. Er machte es automatisch, ohne an die Folgen zu denken. So, als ob er vergessen oder verdrängt hätte für ANTONIAS Erwerb der deutschen Sprache zuständig zu sein.

Es entstand eine interessante, aber auch paradoxe Situation. Ein deutscher Vater ist präsent und ein in Deutschland geborenes Kind wächst in einer deutschen Umgebung auf, aber spricht sehr wenig oder fast gar nicht Deutsch. Dieser Zustand, ein Phänomen (oder auch ein Paradox), dauerte bis zu ANTONIAS drittem Lebensjahr, bis zu ihrer Aufnahme in den Kindergarten. Dort – umgeben von vielen einheimischen Kindern und Erzieherinnen – hörte ANTONIA sehr viel Deutsch, und bald verstand sie diese Sprache besser und fing an sie zu benutzen. ANTONIAS Vater merkte diesen Entwicklungsgang und änderte langsam die Art der Kommunikation mit seiner Tochter – er bemühte sich sie auf Deutsch anzusprechen.

Zusätzlich muss ich hinzufügen, dass die Familie meiner Freundin nach drei Jahren aus beruflichen Gründen ins englischsprachige Kanada umgezogen ist. Ab diesem Zeitpunkt besuchte ANTONIA eine englischsprachige Schule. Im Alter von jetzt sechs Jahren spricht sie fast fließend drei Sprachen: Spanisch, Deutsch und Englisch.

In sprachlich gemischten Familien, wo die Sprachen der Eltern voneinander konsequenterweise getrennt gebraucht werden, haben die Kinder eine sehr starke emotionale Einstellung zu dem bestimmten Prinzip der Kommunikation unter allen Familienmitgliedern. Das Prinzip der Trennung beider Sprachen in Muttersprache und Vatersprache ist bei den Kindern so tief verwurzelt, dass sie sich gar nicht mehr vorstellen können, mit den Eltern in einer anderen Sprache zu sprechen, als sie es von Geburt an gewöhnt sind.

MARITA, eine gebürtige Deutsche aus Siebenbürgen, einer historischen Region mitten in Rumänien, wuchs in drei Sprachen auf. Sie verwendete Deutsch, Ungarisch und Rumänisch. Ihre mittlerweile erwachsenen Kinder wurden ebenfalls nach dem Prinzip eine Person - eine Sprache erzogen, das heißt, MARITA kommunizierte mit ihnen immer nur auf Deutsch und der Vater auf Ungarisch. Als die Kinder im Schulalter waren, entschied sich die Familie, nach Deutschland umzuziehen, um für immer hier zu bleiben. Allerdings sprach MARITAS Mann kein fließendes Deutsch. Um diese neue Sprache schneller zu erlernen, schlug er eines Tages den Kindern vor, mit ihm künftig – dem Prinzip zuwider – Deutsch zu sprechen. Er bat sie mehrmals um diesen Gefallen, sie aber lehnten den Vorschlag stets ab. Die Kinder flehten ihn regelrecht an, so einen Wechsel nicht zu erzwingen und ihnen zu erlauben, mit ihm weiterhin Ungarisch zu sprechen. Für sie war nämlich Ungarisch und nicht Deutsch die Sprache des Vaters. Bis zum heutigen Tag (und die Kinder sind jetzt über vierzig) kommunizieren sie mit ihrem Vater am Telefon oder während der Familientreffen ausschließlich auf Ungarisch.

4 Grundsätze der Zweisprachigkeit

Welche Regeln müssen die Eltern beachten?

Konsequenz und Geduld

Zweisprachige Kinder brauchen die Unterstützung der Eltern, die darin besteht, dass die Eltern die Kinder immer auf die gleiche, vorher bestimmte Art und Weise ansprechen. Nur mit Beharrlichkeit und Geduld der Eltern werden die Kinder die Elternsprachen richtig beherrschen können. Hilfreich ist hier die Konsequenz, das heißt: ein ständiges Handeln nach genau vorbestimmten Prinzipien.

Bei den Eltern, die sich wünschen, dass ihre Kinder zweisprachig werden sollen, bedeutet dies, dass man mit dem Kind immer und überall die gleiche vorher bestimmte Sprache spricht. Dass man die Sprache konsequent, das heißt ohne Rücksicht auf die Situation, verwendet – beim Spielen ebenso wie beim Spazierengehen oder bei den Tischgesprächen. Sogar die Namen der mit dem Alltag verbundenen Gegenstände, solcher wie Lebensmittel oder Ämter, soll man in die Muttersprache übersetzen. Wichtig ist, sich immer auf ähnliche Weise auszudrücken, was dem Kind helfen wird, sich schwierige Begriffe gleichzeitig in beiden Sprachen anzueignen.

Sehr wichtig ist die Kontinuität beim Spracherwerb. Man soll einem Kind die Sprache nicht nur dann beibringen, wenn es klein ist und sehr viel Zeit mit den Eltern verbringt. Auch wenn es älter wird, wenn es einen Kindergarten oder die Schule besucht, muss seine Zweisprachigkeit gepflegt und weiterentwickelt werden.

Konsequenz bedeutet auch Toleranz, Unermüdlichkeit, Selbstbeherrschung und Selbstvertrauen seitens der Eltern. Die Weitergabe der Sprache an die Kinder ist ein langer Prozess. So, wie das Kind wächst, reift, sich entwickelt und Veränderungen seines Körpers sowie seiner Psyche erfährt, so wandelt sich auch seine Sprache. Die Aussagen des Kindes, sein Wortschatz und Sprachstil sind immer im Aufbau.

Im Prozess der zweisprachigen Erziehung bedeutet die Konsequenz auch das Streben der Eltern danach, dass das Kind wahrnimmt, selbst bemerkt und sich dessen bewusst wird, wie es zu sprechen hat. Das heißt, das Kind soll wissen, dass es die Eltern und seine Geschwister nur auf eine bestimmte, von ihnen praktizierte Art und Weise anspricht. Es ist die Aufgabe der Eltern, solches Kommunikationsverhalten zu fördern und es von den Kindern zu erwarten. Beide Seiten sollten um Konsequenz bei der Sprachauswahl bemüht sein.

Eines Tages telefonierte ich mit meiner polnischen Freundin MONIKA *(28), die seit zwölf Jahren in Deutschland lebt und sehr gut Deutsch spricht. Sie übt ihre Polnischkenntnisse durch intensive Kontakte mit ihren anderen polnischsprachigen Freunden. Während unserer telefonischen Unterhaltung ergab sich die Frage, ob ich etwas zeitlich schaffen würde. Spontan sagte ich zu* MONIKA*: „szafniemy to" („Wir werden es schaffen"). Ich weiß wirklich nicht, warum ich mich halb Deutsch an sie wandte. Ich hatte das deutsche Wort „schaffen" mit einer polnischen Endung benutzt. Vielleicht war ich mir einen kurzen Augenblick nicht sicher, ob* MONIKA *das polnische Wort „damy radę" (zeitlich etwas fertig bringen) kennt und versteht.*

Meine Kinder hörten dem ganzen Gespräch vom Flur aus zu. Dann kamen sie ins Zimmer und begannen, vollkommen irritiert, zu schreien und ständig zu wiederholen: „Mama dasz radę, mama dasz radę!" (Mama du bringst es fertig, Mama du bringst es fertig!). Im ersten Moment verstand ich nicht, was sie sagten und was sie damit meinten. Ich fragte sie, was

los sei und sie antworteten: „Mama du darfst nicht mit Polen Deutsch sprechen! Du darfst nicht ‚schaffen' sagen, du musst ‚damy radę' (wir bringen es fertig) sagen!"
Die Mädchen waren von der Verwendung meiner falschen Form und falschen Wortwahl beunruhigt und fühlten das Bedürfnis, mich zu korrigieren. Sie erinnerten mich an das Erfordernis, mit den Polen auf Polnisch zu sprechen und wiesen auf das Verbot der Sprachmischung hin.

Eltern, die bei einer Konversation immer konsequent die gleiche Sprache verwenden, sind auch ein gutes Vorbild für ihre ebenfalls im Ausland wohnenden und lebenden Landsleute. Sie haben einen enormen Einfluss auf die Ausdrucksweise ihrer Bekannten und Freunde, die sich normalerweise nicht immer bemühen, ihre Muttersprache zu pflegen. Während der gemeinsamen Treffen fangen die anderen an, sich selbst zu korrigieren. Sie versuchen, makellos und ohne Einflüsse aus der Umgebungssprache zu sprechen, suchen im Gedächtnis nach Wörtern aus der Muttersprache, obwohl sie von den fremden Begriffen sehr stark zurückgedrängt wurden. Es ist eine sehr interessante Erscheinung. Die Menschen, die sonst weniger korrekte Formen verwenden, geben sich Mühe, um sich dem Sprachstil eines sorgfältigeren Sprechers anzupassen.

Ich selbst versuche, in der Verwendung des Polnischen sehr konsequent zu bleiben und das Prinzip eine Person – eine Sprache immer und überall zu beachten. In Äußerungen auf Polnisch verwende ich keine deutschen Wendungen und Begriffe. Ich versuche, alles zu übersetzen, auch wenn das nicht leicht ist und ich nicht immer hundertprozentig das ausdrücken kann, was ich meine. Ich machte die Beobachtung, dass sich meine polnischen Freunde und Bekannten in meiner Anwesenheit selbst kontrollieren und versuchen, ‚saube-

res' Polnisch zu sprechen. Das heißt, sie versuchen vieles zu übersetzen und in Gesprächen nur die polnische Sprache zu verwenden. In der Umgebung anderer Polen allerdings halten sie sich nicht immer daran und vermischen oft Polnisch und Deutsch.

Fehlerfreie Formulierungen der Eltern

Für die korrekte Sprachentwicklung braucht jedes Kind, und ganz besonders ein zweisprachiges, klare und deutliche Sprachregeln, die eine Sprache gestalten. Es muss grammatikalisch richtig gebaute Sätze hören, die mit reichem und nicht etwa vereinfachtem und kindlichem Wortschatz gebildet werden. Auch soll die Aussprache der Eltern fehlerfrei sein. Wenn ein Kind exakte Ausdrücke hört, eignet es sich sie an und kann sie problemlos in Gesprächen anwenden. Es muss aber begreifen, welche Wörter, Begriffe und Wendungen zu welcher Sprache gehören und dank welcher Ausdrücke es richtig und eindeutig von den Zuhörern verstanden wird.

Das Kind muss sich dessen bewusst sein, dass man in England Englisch und in Russland Russisch spricht, nur dann wird es ohne Hindernisse kommunizieren und Kontakte knüpfen können. Ansonsten kann es zu Missverständnissen kommen, sodass es von den anderen falsch oder gar nicht verstanden wird.

Damit ein Kind die Elternsprachen korrekt sprechen lernt, sollten die Eltern selbst ihre Ausdrucksweise pflegen. Die Eltern müssen ein Vorbild für die Kinder sein. Ein sprachliches Vorbild zu sein bedeutet einen klaren, eindeutigen Wortschatz und einen korrekten Stil zu pflegen. Die Äußerungen müssen frei von phonetischen Einflüssen und aus einer anderen Sprache übernommenen Begriffen sein.

Eines Tages beim Autofahren mit unserer damals dreijährigen Tochter sagte ich zu meinem deutschen Mann auf Polnisch:

„Kocham cię!" (Ich liebe dich). Ich verwendete meine Muttersprache, da ich in diesem Augenblick in Polnisch besser ausdrücken konnte, was ich fühlte. Meine Tochter, die auf dem Rücksitz saß, hörte meine Aussage und war sehr überrascht. Nach einer Weile sagte sie mit einer kritischen Stimme zu mir auf Deutsch: „Ich liebe dich" – und weiter auf Polnisch: „musisz do taty powiedzieć" (musst du zum Papa sagen). Ein dreijähriges Kind hatte sein Sprachbewusstsein so weit entwickelt, dass es sofort auf die Vermischung der beiden Sprachen, Polnisch und Deutsch, und auf die falsche Anwendung bei einer dritten Person reagierte.

Wenn es den Eltern in ihrer Ausdrucksweise an sprachlicher Eindeutigkeit fehlt und sie beide Sprachen vermischen, dann werden die Kinder diese Kommunikationsart auch aufgreifen und selbst so ähnlich sprechen. Dies ist falsch. Auch wenn sich die Eltern schämen, ihre eigene Sprache auf der Straße zu sprechen, werden es die Kinder spüren und sich ähnlich verhalten. Im schlimmsten Fall kann es dazu kommen, dass sie die Sprache der Eltern ganz verweigern. Und das bedeutet das Ende der Zweisprachigkeit.

Das Kind wahrnehmen

Das Kind will ernst genommen werden. Auch wenn es noch klein ist, kann es zum Gesprächspartner für einen Erwachsenen werden. Das Kind lebt in seiner eigenen Welt, die erfüllt ist von angenehmen, interessanten Erlebnissen und großartigen Empfindungen, aber auch von vielen ungelösten Rätseln und unverständlichen Eindrücken. Deshalb sehnt sich das Kind so sehr nach vertrauten Kontakten mit den Eltern. Es will von seinen Beobachtungen und Erfahrungen erzählen, Fragen stellen und argumentieren lernen. Von den Eltern erhofft es verständliche und sachgerechte Antworten.

Eine ernste Unterhaltung mit einem Elternteil, das eine zweite, für das Kind schwache Sprache repräsentiert, bedeutet für ein Kind keine geringe Herausforderung. Es fehlen ihm oft nötige Wörter und Bezeichnungen oder die Fähigkeit, sein Ich in einer anderen Sprache zu artikulieren. Deshalb braucht es von den Eltern ernsthafte Unterstützung. Die Kinder wollen sich wichtig fühlen und ihren Wert spüren sie, wenn die Eltern Zeit für sie haben und willig sind, ihnen zuzuhören.

Die Gedanken in einer zweiten Sprache auszudrücken, einen Satz aus komplizierten Wörtern zusammenzubauen – das ist eine schwere Anstrengung für jemanden, der in einer anderen Sprache lebt und in ihr seine kindliche Welt erfährt (in der Sprache des Kindergartens oder der Schule). Ein ehrgeiziges zweisprachiges Kind möchte sich in der Sprache des ausländischen Elternteils ausdrücken und äußern. Die Eltern könnten ihm helfen, wenn sie ihm in aller Ruhe zuhören, was es ihnen erzählen will. Anschreien oder zur Schnelligkeit antreiben, helfen nicht weiter. Es ist besser, es an der Hand zu nehmen und die Äußerung teilnahmsvoll abzuwarten. Der verbale Ausdruck der Emotionen fällt sogar den Erwachsenen schwer. Ein Kind kann es nur lernen, wenn ihm das Verständnis der Eltern hilft.

Das Kind loben und seine Sprachkenntnisse anerkennen

Es gibt nichts, was das Selbstbewusstsein und das Selbstwertgefühl eines Kindes mehr stärkt als das Lob, das es für seine Kenntnisse in der Beherrschung und Anwendung in der zweiten Sprache erhält. Auch wenn es ihm schwer fällt, seine Gedanken präzise auszudrücken, wenn es Grammatikfehler in seinen Aussagen macht, sollten die Eltern oft ihre Anerkennung zum Ausdruck bringen. Es gilt, Freude an den Fortschritten zu zeigen, auch an den winzigsten. Natürlich ist das leichter gesagt als getan. Oft haben die Eltern den Eindruck, dass ihr Kind in einem bestimmten Alter viel ‚richtiger' und flüssiger sprechen und sich gekonnter artikulieren sollte. Aber in Wirklichkeit macht es immer noch Fehler bei der Flexion oder bildet fehlerhafte Wendungen. Wie soll man also reagieren, wenn ein neunjähriges zweisprachiges deutsches Kind sagt, dass es „in dieser Suppe keine Nudeln *fühlt*", dass jemand seine Sachen „in den Schrank *eingeladen*" hat oder dass „dieser Fingernagel noch zu kurz zum *Abzuschneiden*" sei?

Die Eltern sollen die diversen und oft nicht korrekten Ausdrücke der Kinder akzeptieren, sich deswegen nicht ärgern und viel Verständnis für die Schwierigkeiten zeigen. Wichtig ist aber, dass sie stets die fehlerhaften Aussagen korrigieren, damit die Kinder die richtigen Formen lernen, da sie ansonsten meinen, alles richtig gesagt zu haben.

In den Äußerungen von JULIA *treten manchmal nicht korrekte, aber dafür lustige Formulierungen auf. Einmal beim Frühstück fing ich an, spielerisch die Hände zu bewegen, als ob ich tanzen wollen würde.* JULIA, *die mich dabei intensiv beobachtete, rief plötzlich laut: „Mama, jaka ładna tańca!" (Mama, was für eine schöne Tanze!).*

Das falsche Genus des Wortes 'Tanz' (es ist maskulin und JULIA *verwendete feminin) klingt auf Polnisch sehr ungewohnt und seltsam, deswegen war das Lachen meine erste Reaktion auf* JULIAS *Fehler. Erst später erklärte ich meiner Tochter, dass man es so nicht sagen kann, sondern: „Mama, jaki ładny taniec!" (Mama, was für ein schöner Tanz!).*

Der Stolz auf die Kinder sollte immer laut zum Ausdruck gebracht werden. Darauf, dass sie trotz erschwerter äußerer Umstände wie dem starken Einfluss der anderssprachigen Umgebung oder dem unzureichenden Kontakt mit der Muttersprache der Eltern ehrgeizig bleiben und die zweite Sprache fließend sprechen wollen.

Die Kinder sind den ausländischen Eltern dankbar dafür, dass sie von ihnen so viel Wertvolles vermittelt bekommen. Das betrifft nicht nur die Sprache. Sie fühlen sich, wenn auch nur zu einem Teil, einer anderen Welt und einer anderen Kultur zugehörig. Sie haben eine scharfe Beobachtungsgabe, da sie von Anfang an gelernt haben, die zwei unterschiedlichen Welten, die sie erleben, wahrzunehmen und zu vergleichen. Schnell und zutreffend fassen sie die unterschiedliche Einstellung anderer Eltern zu der Problematik der Kindererziehung auf. Sie entwickeln ein Bewusstsein dafür und sind sehr empfindsam für die verschiedenartige Verhaltenskultur und andere Denkart der Einheimischen.

Eines Tages kochte ich zum Mittagessen eine Heidelbeersuppe, die den Kindern sehr gut schmeckte. Bei der Mahlzeit fragte mich ANJA: „Essen nur die Polen Heidelbeeren mit Milch?" Ich sagte, dass das wohl so sei. Dem fügte JULIA, meine zweite Tochter, hinzu, dass CLAUDIA (unsere deutsche Bekannte) „sicherlich für ihre Kinder so etwas Leckeres nicht kochen würde". Daraufhin stellte ANJA fest: „Weil sie keine Polin ist!".

Liebe Eltern,
wenn ihr wollt, dass die Tochter oder der Sohn eure Muttersprache gut beherrscht, braucht ihr viel Verständnis und Ausdauer. Ihr sollt eure Kleinen stets motivieren, loben und bewundern. Verliert niemals die Hoffnung, das festgelegte Ziel zu erreichen.

Die Bildung sprachlicher Sensibilität

Kinder, die in einer mehrsprachigen und mehrkulturellen Umgebung aufwachsen, sollten von früher Kindheit an in einem Sprachbewusstsein erzogen werden. Dies ist wie eine innere Stimme, die einen daran erinnert, welche Sprache gerade anzuwenden ist. Wenn man als Deutscher mit einem anderen Deutschen auf Englisch spricht, ist das sicher seltsam und unnatürlich.

Zweisprachige Kinder sollen im Erziehungsprozess mit Hilfe der Eltern die Fähigkeit entwickeln, zu beurteilen, in welcher Sprache sie mit einer bestimmten Person kommunizieren sollen. Das heißt, dass es vom Gesprächspartner abhängt, welche Worte und Formulierungen im Dialog zu verwenden sind.

Die in einer Familie polnischer Auswanderer geborene AGATA *sprach bis zum sechsten Lebensjahr überwiegend Polnisch, da ihre Eltern mit ihr in dieser Sprache kommunizierten. Ab dem achten Lebensjahr besuchte das Mädchen eine deutsche Schule. Der Einfluss einer neuen Umgebung und die Kontakte zu den Gleichaltrigen waren so stark, dass sie langsam anfing, in polnische Sätze deutsche Worte einzufügen und später auch ganze Wendungen. Nach einigen Monaten konnte das Mädchen keinen Satz mehr in korrektem Polnisch formulieren. Ihre Aussagen bestanden aus einem Gemisch von polnischen und deutschen Wörtern. Die deutschen Wörter hatten polnische Endungen und polnische Wörter sprach sie mit einem deutschen Akzent aus. Die Eltern reagierten nicht, da sie nicht ausreichend sprachbewusst waren, um das Problem zu erkennen.*

Diese Situation kommt in vielen einsprachigen Familien vor. Die Gründe für ein solches Verhalten sind unterschiedlich.

• Die Eltern, die einer aus zwei Sprachen (Deutsch und Polnisch) gemischten Aussage des Kindes zuhören, merken meist, dass das Kind ein Fremdwort verwendet, welches zu dem Satzkontext nicht passt. Es kann aber vorkommen, dass sie in diesem Augenblick nicht wissen, was dieses unbekannte Wort in ihrer Muttersprache bedeutet. Die Eltern korrigieren das

Kind nicht, da sie die Vokabel nicht schnell genug übersetzen können, also lassen sie die Aussage ohne Kommentar.

• Andere Eltern freuen sich, dass ihr Kind in seine Äußerungen fremde Wörter einfügt, da es heißt, dass es bereits ‚so gut' die zweite fremde Sprache beherrscht. Die Eltern wissen ganz genau, welche Probleme sie selbst hinsichtlich der Beherrschung der Umgebungssprache hatten oder immer noch haben. Sie sind also sehr froh, dass ihr Kind solche Probleme nicht erleben muss.

• Es gibt auch Eltern, die der sprachlichen Korrektheit wenig Aufmerksamkeit und Sensibilität entgegenbringen. Die Äußerungsform ihres Kindes wird von ihnen nicht registriert und nicht analysiert. Für sie zählt hauptsächlich der Inhalt, den sie verstanden haben; die sprachliche Formulierung ist ihnen egal.

Wie sollten Eltern reagieren und dem Kind helfen?

• Stets auf den Sprechstil des Kindes achten, das heißt auf seine Auswahl der Wörter und Wendungen. In einem Satz soll das Kind nur Begriffe aus einer Sprache verwenden. Eine längere sprachliche Aussage soll ebenfalls so formuliert werden.

• Die Eltern sollen zuhören, was das Kind zu ihnen sagt. Sie sollen eine gewisse Gewohnheit entwickeln, schnell auf das Einfügen eines fremdsprachigen Wortes in seinen Äußerungen zu reagieren.

• Wenn die Eltern merken, dass eine Formulierung aus einer anderen Sprache stammt, sollen sie es dem Kind gleich bewusst machen. Sie sollen eine Weile abwarten, bis es sich selbst korrigiert, beziehungsweise helfen, indem sie das fremde Wort in die Muttersprache übersetzen.

• Es kann natürlich vorkommen, dass sich das Kind im Gespräch nicht adäquat ausdrücken kann oder es nicht alle Entsprechungen in beiden Sprachen kennt. Dann verwendet es spontan Wörter oder ganze Wendungen aus der anderen Sprache. Die Eltern können es zulassen, sollen aber darauf achten, dass es nicht allzu oft geschieht.

• Wenn allerdings das Kind während einer Aussage in der Muttersprache einen ganzen Satz in der anderen Sprache formuliert oder in ihr eine Frage stellt, sollen die Eltern sofort reagieren. Sie sollen dem Kind unmissverständlich zu erkennen geben, dass es das Prinzip *eine Person – eine Sprache* missachtet. Dadurch machen die Eltern das Kind auf die sprachliche Korrektheit aufmerksam und unterstützen die Entwicklung seines Sprachbewusstseins.

Dies ist eine schwierige und mühsame Arbeit, die den Eltern ein tiefes Verständnis für das Problem des Sprachbewusstseins abverlangt. Am wichtigsten sind hier Geduld, an der es manchmal mangelt sowie Ruhe und Konsequenz. Ständige Korrekturen sind eine große Belastung in der Kommunikation, da die Kontinuität der Gedanken unterbrochen wird und der Leitfaden verloren geht. Zum Glück ertragen die Kinder solche Situationen mit Geduld und lassen sich in der Regel nicht aus der Fassung bringen. Es kann allerdings passieren, dass sie das nächste Mal in einer ähnlichen Situation einfach schweigen, so dass wir als Konsequenz weniger von ihnen erfahren.

Die oben erwähnte AGATA, die jetzt die dritte Klasse der Grundschule besucht, beantwortete eine auf Polnisch gestellte Frage anfänglich auf Polnisch; mitten im Satz wechselte sie jedoch ins Deutsche und so sprach sie bis zum Ende ihrer Aussage. Sie tat es sehr fließend und ganz unbewusst. Ich stellte ihr also eine weitere Frage auf Polnisch, um es ihr dezent bewusst zu machen, dass mit einer Person, die Polnisch repräsentiert, auch so zu sprechen sei. Das Mädchen reagierte aber weiterhin nicht. Als ich sie darauf aufmerksam machte, dass man die Antwort in der Sprache geben sollte, in welcher die

Frage formuliert wurde, zuckte Agata *nur mit den Schultern. Sie verstand meine Bitte nicht im Geringsten und erkannte nicht, wo das Problem liegt. Interessanterweise mischte sie Polnisch und Deutsch nur in Gesprächen mit Polen. In der Schule, bei Unterhaltungen mit der deutschen Lehrerin, benutzte sie nur Deutsch.*

Aus ihrem Verhalten kann man schließen, dass sie über kein Sprachbewusstsein verfügt und zwischen den zwei unterschiedlichen Sprachsystemen – Deutsch und Polnisch – nicht korrekt bzw. immer unterscheidet. In Agatas Denken sind Sprachgefühl und sprachliche Sensibilität nicht gegenwärtig.

Die sprachliche Situation der so kommunizierenden Kinder kann manchen Eltern wenig brisant vorkommen und die ständige Beobachtung der Äußerungsformen zu monoton, übertrieben oder von übermäßigem Ehrgeiz geleitet erscheinen. Wenn aber die Eltern gar nicht reagieren, wird es häufig vorkommen, dass diese Kinder in der Schule Schwierigkeiten bekommen.

In den höheren Grundschulklassen lernen die Schüler langsam die Schreibregeln für längere schriftliche Erzählungen. In diesen Aufsätzen sollen sich korrekte Sprache und guter Schreibstil des Schülers entwickeln. Die Kinder, denen die Existenz zweier getrennter Sprachsysteme nicht bewusst ist, fügen oft Wörter und Begriffe aus der Muttersprache ein, benutzen grammatikalisch falsche Formen oder eine so genannte Lehnübertragung, das heißt, wörtliche Übersetzungen einer Wendung aus der Muttersprache in die Zweitsprache. Dies ist dem Lehrer oft nicht verständlich, aber die Kinder versuchen sich irgendwie zu helfen. Der Lehrer darf dies aber nicht gelten lassen und muss eine derartige schriftliche Aussage negativ bewerten, zu Ungunsten des Kindes.

Was kann dem Kind helfen, die sprachliche Sensibilität zu entwickeln?

Die Kinder soll man oft auf die Kommunikationsart der Fremdsprachler (der Ausländer) aufmerksam machen. Man soll ihnen die Unterschiede zwischen dem Klang ihrer und unserer Sprache erläutern. Sprechen die anderen laut oder leise, schnell oder langsam, machen sie Pausen zwischen den einzelnen Wörtern und Sätzen? Es ist auch interessant, die Satzmelodie und Stimmqualität bei Sprechern verschiedener Sprachen zu vergleichen.

- Die Kinder mögen es gerne, wenn man gemeinsam mit ihnen das unterschiedliche Kommunikationsverhalten je nach Verwendung einer bestimmten Sprache unter die Lupe nimmt. Ob die Redner oft lächeln, wenn sie sprechen, ob sie den Gesprächspartner anschauen, ob sie einander auf die Schulter klopfen, um zu zeigen, dass eine Intention verstanden wurde?

- Die Kinder merken, wie sich Mimik und Gestik des Sprechenden ändern und wie sich der Zuhörer verhält. Schaut er ihm in die Augen, nickt er und folgt er der Aussage? So wird das Kind dazu animiert, über die eigene Kommunikationsart zu reflektieren und die Erstsprache bewusst mit der Sprache der Umgebung zu vergleichen.

Der zehnjährige JAODI aus China besuchte mich zu Hause wegen eines ergänzenden Schulunterrichts im Deutschen. Als ich etwas zu ihm sagte oder ihm etwas erklärte, schaute er mir nie direkt in die Augen. Auch dann, wenn er sich äußerte und ich zuhörte, ging sein Blick immer in eine andere Richtung. Oft hatte ich den Eindruck, dass sich der Junge für den Unterricht nicht interessierte, dass er müde oder gelangweilt war. Als Lehrerin empfand ich dieses Verhalten zuerst als arrogant. Nach einer gewissen Zeit bemerkte ich aber, dass der

Schüler meine Fragen immer korrekt beantwortete. Das heißt, dass er mir sehr wohl zuhörte. Vielleicht folgte sein Verhalten einer andersartigen Kultur und Erziehung. Vermutlich lässt sie es nicht zu, dass man dem Gegenüber intensiv in die Augen schaut. Auf jeden Fall hatte sein Benehmen nichts mit einer negativen Einstellung zu meiner Person zu tun.

Ausprägung des Bewusstseins der Zweisprachigkeit

Die sprachliche Sensibilität, die sich nur langfristig und langsam entwickelt, ist in der Bildung der Zweisprachigkeit sehr wichtig. Nur ein Kind, dem die eigene Zweisprachigkeit bewusst ist, kann sprachlich fließend und fehlerfrei innerhalb der beiden unterschiedlichen Sprachsysteme funktionieren. Es vermischt die Sprachen nicht, da es weiß, dass sie zu trennen sind. Das Kind weiß, dass es nur auf diese Weise korrekt und eindeutig von den Altersgenossen in der Schule sowie den Erwachsenen zu Hause, im Kindergarten oder in der Schule, verstanden wird.

Ein mit Sprachbewusstsein erzogenes Kind bemerkt die Unterschiede und Ähnlichkeiten der beiden Sprachen, kann problemlos und mit Leichtigkeit simultan übersetzen und hat viel Freude an sprachlicher Kreativität. Als Beispiel möchte ich zwei Geschichten aus meiner Familie erzählen:

ANJA

Eines Tages unterhielten wir uns beim Abendessen am Tisch über eine Sorte bayerischen Apfelkuchen, den ‚Apfelstrudel‘, der viele Rosinen enthält. Auf Bayerisch heißt eine Rosine ‚Weinberl‘. Ich wollte die korrekte Aussprache dieses Wortes lernen und bat meinen Mann, es fünfmal auszusprechen, damit ich es mir leichter einprägen kann. Es fiel mir jedoch schwer, es korrekt bayrisch zu artikulieren und zu betonen. Meine Töchter hörten die ganze Zeit dem Gespräch aufmerk-

sam zu. Plötzlich schaute die damals siebenjährige ANJA ihren Vater an und sagte zu ihm auf Deutsch: „Papa, Weinberl, das ist Wein und Ball". Sie teilte das Wort ‚Weinberl' in zwei Teile: ‚Wein' und ‚Berl', aber anstatt von ‚Berl' benutzte sie das Wort ‚Ball'. Einen Augenblick später schaute sie mich an, übersetzte sofort dieses Wort ins Polnische und sagte: „Mamuś, to jest wino i piłka" („Mama, es ist Wein und Ball"). ANJA zeigte dadurch ihre Sprachkompetenz in beiden Sprachen, die perfekte Fähigkeit, fehlerfrei zu übersetzen, und eine auditiv-bildhafte Assoziation, die mit der ursprünglichen Bedeutung dieses Wortes nichts zu tun hatte.

JULIA

Eines Sonntags beim Frühstücken fiel es der damals sechsjährigen JULIA schwer, Butter gleichmäßig auf eine Semmel zu schmieren. Sie wandte sich an ihren Vater mit der Bitte: „Papi, kannst du mir das rozsmarieren?" Weil sie die deutsche Bezeichnung für das gleichmäßige Verteilen der Butter auf dem Brot nicht kannte oder es augenblicklich nicht aus dem Gedächtnis abrufen konnte, benutzte JULIA eine Entlehnung aus dem Polnischen. Wahrscheinlich unbewusst fügte sie in den deutschen Satz das polnische Wort ‚rozsmarować' ein, aber mit Sicherheit fügte sie bewusst das grammatikalisch korrekte Suffix ‚-ieren' hinzu. So wie man es in anderen Wörtern wie ‚studieren', ‚probieren' oder ‚reparieren' macht.

JULIA bewies hier die Fähigkeit, mit sprachlich schwierigen Situationen im Nu zurechtzukommen und kreierte einen Neologismus. Der Papa korrigierte natürlich die Tochter und sagte ihr das deutsche Wort dafür. Aber das von JULIA geschaffene Wort ‚rozsmarieren' wurde zu einem Familiensprachwitz.

5 Bedeutung der Muttersprache

Warum sollen die Eltern ihre Muttersprache weitergeben?

Die Großeltern und andere Verwandte

Die Kinder sollen die Sprachen der Eltern verstehen und anwenden können, auch wegen der Großeltern und der anderen Verwandten, die im Heimatland der Eltern leben. Es ist das wichtigste und selbstverständlichste Argument, das dafür spricht, dass die Eltern ihren Kindern die eigene Muttersprache vermitteln. Sie sollen dafür sorgen, dass die Kinder ihre nächsten Verwandten in jeder Beziehung kennen und lieben lernen können. Die Angehörigen spielen nämlich, neben den Eltern, im Leben eines im Ausland aufwachsenden Kindes die wichtigste Rolle.

Damit die Großeltern ihre Aufgaben gegenüber den Enkelkindern erfüllen können, müssen ihnen die Eltern des Kindes dabei helfen, indem sie die Kinder so erziehen, dass sich diese mit den Großeltern verbal verständigen können. Die Enkelkinder müssen die Sprache der Großeltern verwenden können, damit sie die Chance erhalten, sich ihnen anzunähern und mit ihnen anzufreunden. Das umfasst nicht nur einzelne Wörter, sondern auch korrekte Wendungen und richtige Wortverbindungen, eine einwandfreie Aussprache und gute Grammatik. Die Kinder brauchen aktive Sprachkenntnisse, das heißt solche, die man mit einer Gewissheit anwenden kann, dass man eine passende Antwort erhält. Sie sollen die Sprache verstehen und anwenden können. Es reicht nicht, wenn sie einzelne Sätze und Ausdrücke kennen. Die Kinder sollen die Sprache in dem Maße beherrschen, dass sich ihre Großeltern mit ihnen jederzeit problemlos verständigen können.

Die Sprache hilft nicht nur bei der Vermittlung von wichtigen Informationen. Sie hat eine viel bedeutendere Aufgabe. Sie beschreibt die Gefühle, welche die Großeltern dem Enkelkind zeigen und umgekehrt. Für eine vollständige Kommunikation ist jedoch die beiderseitige Bereitschaft sowie eine Befähigung zur Verständigung nötig. Es ist nicht genug, wenn das Enkelkind einzelne von der Oma ausgesprochene Wörter versteht. Es muss den Sinn der Aussage und ihre Botschaft begreifen. Auch die Oma muss die Bitten des Kindes sprachlich eindeutig verstehen können, um auf sie liebevoll zu reagieren. Die Bedingung für eine wahre Unterhaltung zwischen den Familienmitgliedern ist die Fähigkeit, einander zuzuhören. Die Großeltern machen es meist sehr gut.

Zu meiner Bekannten aus Polen kommen einmal im Jahr ihre Enkelkinder aus Frankreich. Die Oma freut sich überaus auf jeden Besuch, aber während ihres Aufenthalts erlebt sie ständig eine unheimliche Frustration. Sie versteht nicht, was die Kinder zu ihr sagen. Deren Polnischkenntnisse sind nämlich so begrenzt, dass es der Großmutter schwer fällt, ihren Äußerungen inhaltlich zu folgen. Die Oma kann nur erraten, was eigentlich gemeint ist. Die Enkelkinder verstehen zwar das eine oder das andere aus Großmutters Erzählungen, aber ihre Befähigung, neue Informationen aufzunehmen, ist sehr beschränkt. Beide Seiten sind benachteiligt und keine kann die volle Freude aus dem Besuch schöpfen.

Die Cousinen und Cousins von im Ausland lebenden Kindern sind oft im ähnlichen Alter wie die Kinder selbst. Gleichaltrige knüpfen schnell Kontakte und freunden sich an, auch wenn sie sich selten sehen und nicht so gut kennen. Während sie sich durch gemeinsames Spielen langsam lieb gewinnen und vertraut werden, lernen sie gegenseitig viel voneinander. Diejenigen, die im Ausland wohnen, sind neugierig auf alle Informationen, die das neue Land betreffen, in dem sie ihre Ferien verbringen. Ständig vergleichen sie das Leben hier und dort, interessieren sich für alles, was sie umgibt, beobachten die Menschen, fragen viel nach und versuchen, zu verstehen, wieso es so ist, und nicht anders. Dank ihrer Verwandten prägen sie sich viele neue Spiele, Lieder und Aufzählungen ein. Und noch etwas ist sehr wichtig: Durch den ständigen Kontakt zu ihnen hören und lernen sie beiläufig eine neue und völlig andere Sprache - die Kinder- oder Jugendsprache. Diese unterscheidet sich manchmal sehr von der Sprache, die sie von ihren Eltern beigebracht bekommen haben. Sie entwickeln sich dadurch weiter, erfahren von den Verwandten ein neues Weltbild, bekommen viel Sympathie, Interesse und Wärme.

Dominik wurde in Deutschland geboren und geht hier auch in die Schule. Seine Eltern sprechen ihn konsequent auf Polnisch an. Die Antwort kommt jedoch fast immer auf Deutsch, da es für Dominik so leichter ist, seine Gedanken zu formulieren. Einmal im Jahr fährt er nach Polen, um dort bei den Verwandten die Ferien zu verbringen. Der Junge macht es allerdings nicht besonders gerne, da er große Schwierigkeiten damit hat, sich auf Polnisch auszudrücken. Diejenigen, die ihm helfen, sich dieser Sprache zu öffnen, sind seine zahlreichen Cousinen und Cousins, die ihn vollkommen akzeptieren und lieben. Es stört sie gar nicht, dass Dominik Fehler macht, die manchmal die Kommunikation erschweren. Im Gegenteil – sie freuen sich, einen Cousin in Deutschland zu haben, von dem sie viel Neues erfahren können. Für sie ist Dominik etwas Besonderes. Er ist eine Person aus einer anderen, unbekannten Welt, in der man eine andere Sprache spricht, andere Speisen isst und andere Spiele spielt. Dominik will besser Polnisch lernen; behilflich ist ihm dabei eine Cousine, die mit ihm das

Lesen und Briefschreiben auf Polnisch übt. Manchmal eignet sie sich dabei auch ein deutsches Wort an, mit dem sie vor ihren polnischen Freunden angeben kann.

Tradition und Kultur

Wenn die Kinder die Sprachen der Eltern einigermaßen gut beherrschen, können sie die Kultur und Sitten des Landes, aus dem ihre Angehörigen stammen, gänzlich kennen lernen, gut erleben, an allem teilhaben sowie alles besser und leichter verstehen. Wenn die Eltern die für ihre Heimat typischen Feste feiern und die heimischen und familiären Bräuche pflegen, entsteht und bildet sich im Denken des Kindes der Begriff der Tradition als ein Wert, der seine Familie auszeichnet.

Viele Einwanderer, die aus einem verwandten und nahen Kulturkreis stammen, verbringen Weihnachten und Ostern, Geburtstage und das neue Jahr auf ähnliche Art wie die Einheimischen. Da es keine großartigen Unterschiede beim Feiern dieser Feste gibt, werden sie von ihnen nicht allzu sehr beachtet.

Eine wichtigere und bedeutendere Rolle spielen für die ausländischen Familien die Sitten und Bräuche, die hierzulande nicht bekannt sind. Es sind Feste, die sie aus ihrer Kindheit kennen und die bei ihnen zu Hause hochgeschätzt wurden. Diese Festtage werden mit Emotionen verbunden, nach ihnen sehnen sie sich und sie vermisst man am meisten, wenn man im Ausland lebt. So ist zum Beispiel außerhalb Polens das so genannten ‚Andrzejki' (das Fest des heiligen ANDREAS) nicht bekannt, ebenso das Feiern des Namenstages, des Großelterntages oder Kindertages. Da an diesen Tagen keine bedeutenden Feierlichkeiten organisiert werden, hängt es nur von den Eltern ab, ob die Kinder eine Chance erhalten, diese kennen zu lernen.

Wenn man über eine längere Zeit im Ausland lebt, vergisst man schnell manche seltener gefeierten Bräuche. Oft lassen sie sich schnell wieder in Erinnerung bringen.

Eines Jahres, am ersten Frühlingstag, erzählte ich meinen Töchtern über den polnischen Brauch, Marzanna zu versenken. Ich erklärte ihnen, dass Marzanna eine Stofffigur ist. Eine Puppe, die man aus Stoffläppchen oder aus Stroh festigt und die den Winter und den Tod symbolisiert. Man sollte ihr farbige Kleider aus Stoffresten anziehen und sie mit Halsketten sowie Schleifen schmücken. Am wichtigsten ist, Marzanna in einem Fluss zu versenken, nachdem man sie vorher verbrannt hat. Dies tut man als Zeichen der Vertreibung oder des Verabschiedens des Winters. Meine Kinder hörten der Erzählung mit Begeisterung und großem Interesse zu. Gleich danach fingen sie an, aus mit Watte ausgestopften Strümpfen zwei Marzannas zu fertigen. Die Augen machten sie aus zwei kleinen, aber verschieden großen Knöpfen und die auf dem Kopf angenähten bunten Schleifen fungierten als Haare. Die beiden Puppen wurden mit weißen Läppchen verbunden, die den Schnee symbolisierten. Die Puppen sahen herrlich aus. Wir waren wirklich traurig, weil wir wussten, dass wir sie gleich ins Wasser werfen müssen. Am Donauufer, wo wir sie versenken wollten, trugen wir ein Gedicht von Wanda Chotomska vor: „Fließ, Marzanna, dem rauschenden Bach entlang, | bis ans tiefe, weite Meer. | Gehe weg, Winter, verschwinde, | und komm zu uns nicht zurück."

Beim Versenken der Marzannas verbrachten wir gemeinsam zwei herrliche Stunden: Wir picknickten am Wasser, sangen und feierten bis zum späten Abend. Immer wieder, wenn wir mit dem Auto oder Zug an dieser Stelle vorbeifahren, fragen mich meine Töchter, was aus unseren Marzannas geworden sei und wo sie jetzt wohl seien.

Während des ganzen Spiels lernten die Kinder nicht nur neue Begriffe kennen, solche wie Marzanna, Stoffpuppe oder Schleifen. Sie wurden mit einem neuen, typisch polnischen und sehr fröhlichem Brauch vertraut. Sie merkten, wie wichtig die Traditionstreue und ihre Überlieferung sind. Am nächsten Tag nach unserer Feier fragte mich meine Tochter JULIA, ob ihre Freundin SONJA, die aus einer polnischen Familie stammt, auch am Vortag Marzanna versenkt hätte. Sie war sehr traurig und ein bisschen enttäuscht, als sie erfahren musste, dass ihre Freundin diesen Brauch nicht kennt.

Identität

Die Kenntnisse der Elternsprache sind für die Ausprägung und Entwicklung des Identitätsgefühls des Kindes dringend notwendig. Identität bedeutet eine Vorstellung von der eigenen Person: wie man aussieht, wie man sich verhält und wie man denkt. Identität drückt auch das Gefühl aus, dass man auf eine gewisse Art etwas Besonders sei. Dass man unnachahmbar ist, und ein Jemand, der sich von den anderen abhebt und Werte hat, die man zu Hause vermittelt bekam. Um ein Identitätsgefühl zu entwickeln, muss ein Kind wissen, woher es kommt, wer seine Eltern und Großeltern sind, wie sie sich untereinander verständigen, wo und wie sie wohnen und wie sie aussehen. Dieses Wissen hilft dem Kind, sich der eigenen Wurzeln bewusst zu werden. Die Kenntnis der Sprache ist notwendig, um all dies gänzlich zu erfahren.

Manche ausländischen Eltern, die mit ihren Kindern in der Umgebungssprache kommunizieren und nicht in ihrer eigenen Muttersprache, machen es den Kindern unmöglich oder zumindest sehr schwer, die eigenen Wurzeln zu erkunden. Für die Kinder, die die Sprache der Eltern oder eines Elternteils nur lückenhaft kennen, bleibt der Weg zur vollständigen Nachforschung ihres Selbst versperrt. Ohne die Vergangenheit ihrer Eltern zu verstehen, ohne ihr Zuhause und Herkunftsland kennen gelernt zu haben, tragen sie eine Leere im Herzen. Etwas fehlt ihnen, sie suchen ständig nach irgendetwas, etwas treibt sie pausenlos. Sie sind unsicher und verwirrt. Was ihnen auf ewig fehlen wird, ist das Gedächtnis, welches das Leben mit einem Sinn erfüllt. Ein Gedächtnis, das aus Worten besteht. Ein Gedächtnis, das Leben ermöglicht und in Zeit, Raum und in der Familie platziert ist.

Eines Tages lernte ich während der Arbeit einen Mann namens JAN kennen. Ganz spontan sprach ich ihn an und fragte, ob sein Vorname polnisch sei, weil er genauso klingt. Er verneinte und sagte, dass es norwegisch sei. Danach stellte ich ihm die Frage, ob er also Norwegisch spricht, und er erzählte mir dann folgende Geschichte: Sein norwegischer Papa heiratete eine Deutsche und zog mit ihr nach Deutschland, wo er auch anfing zu arbeiten. Mit JAN und der Tochter sprach der Vater zwar norwegisch, jedoch nicht konsequent genug, dass die Kinder diese Sprache fließend lernen konnten. Zu den Großeltern und Verwandten väterlicherseits pflegten die Kinder einen guten und lieben Kontakt, da sie sie in den Ferien oft besuchten. Als JAN noch in der Grundschule war, verstarb sein Papa und somit ,starb' auch die Verbindung zur norwegischen Familie. Immer seltener fuhr JAN nach Norwegen, immer seltener hörte er Norwegisch. Heute ist er 28 Jahre alt und seine mangelnden Sprachkenntnisse bremsen seinen Wunsch nach Norden zu fahren. Jeden Herbst verspricht er sich, dass er im neuen Schuljahr einen Norwegischsprachkurs besuchen wird. Bisher schaffte er es noch nicht, da er „immer sehr viel zu tun hat". Natürlich ist es nur eine Ausrede: Er weiß, dass die Sprache, die er in einem Kurs lernen wird, ganz anders ist als die, in der er sich mit den Verwandten unterhalten möchte. Er vermisst die Familie seines Vaters sehr, er sehnt sich nach der Zeit, die er in Norwegen als Kind verbracht hat. Er möchte wieder seine Großeltern und Großtanten umarmen, sich mit seinen Cousins treffen und einfach wieder zur Familie gehören. Doch ohne die Sprachkenntnisse ist es nicht mehr so einfach.

Liebe Eltern,
nehmt euren Kindern nicht die Chance, die Welt eure Vorfahren kennen zu lernen und zu erforschen. Bringt ihnen
eure Muttersprache bei. Nur wenn sie die Sprache der Angehörigen sprechen können, werden sie sich im Leben sicher
fühlen können. Sie werden erfahren, wer sie sind, wo sich
ihre Wurzeln befinden, wo sie sich überall wohl fühlen und
wer zu ihrer Familie gehört.

Selbstwertgefühl

Kenntnis und Beherrschung zweier Sprachen verstärkt das
Selbstwertgefühl der Kinder und steigert ihre Selbstbewertung.
Am besten ist es zu beobachten, wenn die Kinder Bekanntschaften mit Gleichaltrigen im Herkunftsland der Eltern schließen.
Die Kinder können in einer lockeren Atmosphäre und unter natürlichen Bedingungen testen und sich überzeugen, inwieweit
sie die andere Sprache beherrschen. Während der Kommunikation mit anderen Kindern, das heißt während der Unterhaltung
und des gemeinsamen Spielens auf dem Schulhof, nutzen sie
die bisher erworbenen Sprachkenntnisse. Zusätzlich bekommen
sie sehr viel mit, lernen ständig neue Wörter und Wendungen
kennen. Sie bekommen außerdem eine Vorstellung vom Alltag
im fremden Land, wodurch sie sich dort unverkrampft und sicher fühlen können. Sie sind sich dessen bewusst, was sie von
anderen erwarten können und was sie voraussetzen müssen.
Ohne ihre Eltern, die genau genommen die einzigen sind, mit
denen sie bis jetzt einen Kontakt in dieser Sprache hatten, ver-
antworten sie nun selbst, was sie sagen, wie sie sich ausdrücken
und ob sie von den Gleichaltrigen verstanden werden. Im Falle,
dass sie eine Frage oder eine ganze Aussage falsch formulieren,
werden sie auf eine natürliche Art und Weise von den Spielkameraden verbessert und nicht wie bis jetzt von den zu tole-

ranten oder zu anspruchsvollen Eltern. Die korrigierten Formulierungen bleiben ihnen lange im Gedächtnis, da sie während des Spiels noch mehrmals eine Gelegenheit bekommen, sie zu verwenden.

Sprachliche Korrektheit

Die Mehrheit der Einwanderer beherrscht nach einigen Jahren des Lebens in einem neuen Land die Umgebungssprache einigermaßen gut. Sie benutzt sie beim Einkaufen und in der Arbeitswelt, führt mehr oder weniger formale Gespräche mit den Beamten und nimmt an den Elternsprechstunden in der Schule teil. Diese Menschen verwenden viele Wörter, verstehen fast alles, doch die korrekte Anwendung anderer und komplizierter Grammatikregeln stellt für sie meist ein großes Problem dar. Nichtsdestotrotz ist ihnen nach einer gewissen Zeit die neue Sprache aus verschiedenen Gründen so nah, dass sie mit der Zeit anfangen, in ihr mit ihren Kindern zu sprechen. Hier taucht eine Gefahr auf.

Es ist zwar eine heikle Angelegenheit, aber eines muss man klar und ehrlich feststellen: Die Beherrschung der Umgebungssprache durch die Fremdsprachigen ist nicht immer fehlerfrei und makellos. Das ist nur allzu verständlich, da es sehr schwierig ist, fremde Strukturen im Erwachsenenalter zu erlernen. Tatsache ist, dass die Aussprache der fremdsprachigen Wörter, die Melodie und die Ausdrucksmittel weitgehend von der Muttersprache dominiert sind. Oft kommt es vor, dass man Wörter falsch konjugiert und auch fehlerhaft verwendet. Die Sätze führen zu Missverständnissen in der Kommunikation mit Muttersprachlern.

All dies hören und übernehmen, meist unbewusst, die Kinder. Da sie ihren Eltern nacheifern und sie zum Vorbild nehmen, bekommen sie von ihnen eine fehlerhafte Sprechart mit. Sie wählen falsche Wörter aus, machen Fehler in der Grammatik und der Aussprache. Als Folge dessen haben diese Kinder diverse Probleme mit der Verständigung. Sie werden von den Gleichaltrigen und den Erziehern nicht immer eindeutig verstanden.

Liebe Eltern,
benutzt in Gesprächen mit euren Kindern keine fremde Sprache. Sie ist nämlich für jeden erwachsenen Ausländer nicht leicht zu erlernen. Die korrekteste, die wärmste und herzlichste Sprache ist und bleibt eure Muttersprache. Bitte vergesst das nicht!

Der Ausdruck der Gefühle

Unabhängig davon, wie gut ein Elternteil eine Fremdsprache beherrscht, die wichtigste und dominierende Sprache ist seine eigene Muttersprache. Nicht ohne Grund wird sie als Erstsprache bezeichnet. Wenn wir unsere Gefühle ausdrücken, wenn wir einer geliebten Person alles Gute zum Geburtstag wünschen oder uns für ein Geschenk bedanken, machen wir es am spontansten, am offensten und am authentischsten in unserer Muttersprache. In Augenblicken tiefer Freude, wenn unsere Lieblings-Fußballmannschaft ein Tor geschossen hat, schreien wir „Tor!" in unseren jeweiligen Muttersprachen, und nicht, auch wenn wir seit vielen Jahren in Italien leben, auf Italienisch „Rete!". Dank der Muttersprache klingt alles, was wir aussprechen und ausdrücken wollen, ehrlich, überzeugend – und es kommt aus tiefstem Herzen.

In Bedrängnis oder in Gefahr, wenn ein Kind auf die Straße läuft, reagiert eine ausländische Mutter am schnellsten, wenn sie ihm in ihrer eigenen Sprache zuruft. Sie weiß, was sie schreien soll, wie sofort zu reagieren ist und wie sie ihm am einfachsten erklärt, dass man dies nicht tun darf. Sie macht es spontan, ohne zu überlegen, denn es ist eine unvermittelte und automatische Reaktion auf eine Gefahr.

Für gläubige Menschen hat ein Gebet nur dann Gewicht, wenn es in der Muttersprache gesprochen wird. Laute oder leise Wiederholungen religiöser Inhalte ergeben nur einen Sinn, wenn man sie begreift und wortwörtlich versteht. Nur dann kann man sie tief erleben und die Verbindung zu Gott oder einem anderen höheren Wesen auf eine authentische Art herstellen.

Jede Mutter und jeder Vater möchte, dass ihr/sein Kind mindestens einen kleinen Teil der Geschichte der eigenen Kindheit erleben kann. Sie wollen dem Kind die verzauberten Augenblicke beschreiben, von welchen viele immer mehr in Vergessenheit geraten. Aber es gibt auch Sachen, die im Gedächtnis überleben. Es sind vor allem Lieblingslieder, kurze Kindergedichte und rhythmische Aufzählreime. Die Eltern lernten sie von ihren Eltern oder Freunden und möchten, dass ihre Kinder sie auch kennen. Diese besonderen Texte sind nicht nur lustig oder bleiben leicht im Gedächtnis. Sie enthalten auch viele kostbare Wahrheiten, Warnungen und Weisheiten, welche sich in Zukunft als nützlich erweisen können oder helfen, schwierige Momente zu ertragen. Die Eltern vermitteln die Moral dieser Geschichten weiter an ihre Kinder in der Muttersprache, denn auf diese Weise lernen sie sie selbst kennen, so prägen sie sich diese ein und so sind sie am besten zu verstehen. Diese Kinderliteratur ist mit den frühesten Erinnerungen und ungetrübten Freuden verbunden. Indem die Eltern sie den Kindern vermitteln, regen sie ihre Fantasie an, die eine wichtige Rolle in der geistigen Entwicklung spielt.

Wenn also unsere spontane und innigste Sprache die Muttersprache ist, warum sollen wir unsere Kinder betrügen und mit ihnen in einer Sprache sprechen, die für uns zum Teil fremd ist? Bleiben wir also wir selbst und sprechen mit unseren Kindern in unserer Muttersprache.

6 Der Mensch und seine zwei Sprachen

Wann kann jemand als zweisprachig bezeichnet werden?

Es wird dem Leser selbst überlassen, über diese Frage nachzudenken, da ich persönlich keine eindeutige Antwort geben kann. Ist derjenige zweisprachig, der von Geburt an mit zwei verschiedenen Sprachsystemen aufwächst, indem er sie von verschiedensprachigen Eltern mitbekommt? Diese Person lernt die beiden Sprachen dank der Kommunikation mit der Mutter und dem Vater. Sie wächst mit diesen Sprachen auf und lernt sie immer besser kennen. Sie erkennt bewusst, wie jeder Elternteil anzusprechen ist und wählt automatisch die Sprache in Abhängigkeit davon, mit wem sie sprechen will. Ist die oben beschriebene Person nicht nur zweisprachig, sondern auch bikulturell (sie erlebt zwei Kulturen). Sie lebt doch, bewegt sich und wächst in zwei verschiedenen Traditionen und in zwei Welten auf? Vielleicht ist sie auch zwischen den beiden entzweigerissen und weiß gar nicht, wer sie eigentlich ist? Oder ist dieser Mensch um eine Welt und eine Kultur reicher als die anderen?

Ist derjenige zweisprachig, der in einer Migrantenfamilie zur Welt kam? Jemand, der zwar im Ausland geboren wurde, aber dessen Eltern aus demselben Land und derselben Sprachgemeinschaft stammen? Zu Hause benutzen alle Familienmitglieder die gemeinsame Sprache, obwohl sie in einem Land leben, in dem anders gesprochen wird. Die Kinder unterhalten sich, machen Witze und besprechen die Erlebnisse des Tages zu Hause von Anfang an in der Familiensprache, während sie die andere in der Schule oder im Kindergarten verwenden. Sie haben kein Problem damit zwischen den Sprachen zu wechseln, da sie durch einen intensiven Kontakt mit den Freunden und Lehrern sich diese Fähigkeit aneignen konnten.

Ist derjenige zweisprachig, der in einem bestimmten Land geboren wurde, dort aufwuchs sowie den Kindergarten oder die Schule besuchte, dann aber mit den Eltern in ein anderes Land eingewandert ist, wo er jetzt wohnt und lebt? In diesem neuen Land geht er in die Schule und lernt innerhalb einiger Monate eine neue Sprache und wendet sie später fließend an. Kann man diese Person auch dann als zweisprachig bezeichnen, wenn sie im Laufe der Zeit den Kontakt mit der Erstsprache verloren hat, da sie weder zu Hause noch durch häufige Besuche im Herkunftsland gepflegt wird? Ein solches Kind kommuniziert mit den Eltern in der neu erworbenen Sprache, da es sich in ihr flotter verständigen kann und vergisst nach gewisser Zeit die Erstsprache.

Ist derjenige zweisprachig, der im Ausland wohnt und sehr gute Kenntnisse einer zweiten fremden Sprache als Erwachsener in der Schule, in Sprachkursen oder an einer Hochschule erlangte? Er verwendet die Sprache ohne Probleme, spricht fast ohne Akzent, liest gerne Bücher in dieser Sprache und schreibt ohne große Mühe stilistisch korrekte Aufsätze. Dieser Mensch kann träumen, denken und rechnen in der zweiten Sprache, aber in Gefahrsituationen reagiert er schnell und spontan in der Erstsprache.

Erwachsene Menschen, die zwei Sprachen beherrschen und im Leben verwenden und zu einer dieser Gruppen gehören, bezeichnen sich selbst als zweisprachig.

Aber kann man trotz gewisser Präferenzen in beiden Sprachen gleich gut sein? Kann man die beiden gleich gut beherrschen und in beiden einen ähnlich großen Wortschatz entwickeln? Ist es immer so? Wird ein Mensch, der zwei Sprachen beherrscht und verwendet, zu einer anderen Person, sobald er in einer anderen Sprache kommuniziert? Ändert sich seine Einstellung zu den Hörern in Abhängigkeit davon, welche Sprache er gerade spricht? Wie werden zweisprachige Menschen von ihrer Umgebung empfunden? Erwecken sie Begeisterung, Respekt oder vielleicht Neid?

Wovon hängt es ab, ob man zweisprachig wird?

Damit Zweisprachigkeit entstehen kann, müssen mehrere Bedingungen erfüllt sein. Die parallele Anwendung zweier Sprachen wird entscheidend von der Persönlichkeit und dem Temperament des Sprechers beeinflusst. Vieles hängt von seiner Sprachkompetenz ab, das heißt von der Fähigkeit, Gedanken und Emotionen zu vermitteln und auszudrücken. Es kommt auch darauf an, wie schnell er in der Lage ist, sich die Melodie, den Akzent und die phonetischen Eigenschaften bestimmter Sprachen zu erschließen. Es hängt ebenso von der Befähigung ab, sich neue Worte und Begriffe anzueignen, und der Geschicklichkeit in der Umstellung von der einen in die andere Sprache; von der Fähigkeit, den Sinn einer Botschaft zu verstehen sowie der Gewandtheit, mit der die früher gespeicherten Wörter und Begriffe ins Gedächtnis abgerufen werden. Die Fähigkeit der Kommunikation in einer bestimmten Sprache hängt auch von der Person ab, mit der wir kommunizieren sowie dem Ort und dem Thema des Gesprächs.

Automatischer Aufbau von Sätzen, so dass sie logisch und grammatikalisch korrekt klingen und dass der Empfänger die Botschaft intentionsgemäß verstehen kann, ist schwer. Manchmal kann es an bestimmten Begriffen oder nötigen Wendungen fehlen, aber die gesamte Sprachstruktur ist im Gedächtnis vorhanden. Sie bleibt auch dann erhalten, wenn eine Sprache über eine längere Zeit nicht benutzt wurde. Wenn man sie aber wieder hört, tauchen die früher gespeicherten Informationen wieder auf. Diese Situation können wir beobachten, wenn wir in ein Land fahren, wo die uns bekannte Sprache gesprochen wird. Wenn wir sie überall hören und gezwungen sind, in ihr zu kommunizieren, fangen die für Sprachverarbeitung zuständigen Hirnareale an, intensiver zu arbeiten und die früher kodierten Informationen wieder abzurufen.

Versteckte Zweisprachigkeit

Einer anderen Art der Zweisprachigkeit begegnen wir bei Kindern, die eine Sprache nur von ihren Eltern lernen. Diese pflegen und vermitteln sie außerhalb ihres Herkunftslandes. Die Eltern sind also die Ersten und die Einzigen, die den Kindern den Kontakt mit ihrer Sprache ermöglichen. Bis zu einem gewissen Zeitpunkt lernen die Kinder ausschließlich die Muttersprache der Eltern, obwohl sie in einem Land aufwachsen, in dem die Bevölkerung eine ganz andere Sprache spricht. Durch die Kontakte mit den einheimischen Gleichaltrigen erwerben sie im Laufe ihrer Entwicklung langsam, aber systematisch die Umgebungssprache. Im Laufe der Zeit erlangen sie die vollendete Fähigkeit, in diesen beiden Sprachen zu kommunizieren.

Manchmal passiert aber, dass eine solche Familie ausreisen muss und der Kontakt mit der Umgebungssprache abgebrochen wird. Über Jahre hinweg hören und verwenden die Kinder also ihre zweite Sprache nicht, bis sie irgendwann aus beruflichen Gründen gezwungen werden, sie aufzufrischen. Manche bekommen auf einmal eine große Sehnsucht, sie wieder sprechen zu können.

Frau MÜLLER, die ich hier, wie es im Polnischen üblich ist, mit ihrem Vornamen als Frau KASIA (Abkürzung von Katarzyna) bezeichnen möchte, besucht einen Abendkurs für polnische Sprache in einer Sprachschule. Sie ist etwa 70 und kam in der Nähe von Inowrocław (im Norden von Polen) in einer deutschen Familie auf die Welt. Sie wurde von ihren Eltern in der deutschen Sprache erzogen und lebte in Polen bis zum zehnten Lebensjahr. Im Hof spielte sie mit den polnischen Kindern und lernte von ihnen Polnisch. Bis dahin war Frau KASIA also zweisprachig. Nach dem Krieg zog sie zusammen mit ihren Eltern nach Bayern und seit der Zeit hörte und gebrauchte sie nie wieder die polnische Sprache. Nach 60 Jahren schrieb sie sich bei mir in den Abendkurs zum Erlernen der polnischen Sprache ein. Frau KASIA verstand zu ihrer Verwunderung und gleichzeitig zu ihrer Freude zum größten Teil, was ich direkt zu ihr und zu den anderen Kursteilnehmern auf Polnisch sagte. Auf gestellte Fragen antwortete sie spontan, ohne nachzudenken. Ihre grammatikalische Struktur war immer richtig, ihre Aussprache hervorragend. Alle Arten der polnischen Laute bereiteten ihr keine Probleme. Am meisten freute und begeisterte mich, dass sie die für unsere Sprache typischen Verkleinerungsformen benutzte.

Bei der Beschreibung der Familienfotos sagte sie: „Das ist meine Mama" und nicht, wie man es in der ersten Stunde unterrichtet: „Das ist meine Mutter". Sie reagierte auch auf die polnische Form ‚Pani Kasia', obwohl man in Deutschland zu ihr ‚Katharina' sagt. Die Dame strahlt eine besondere Wärme aus, ist sehr familiär und lieb. Sie trägt auch im Herzen eine unbeschreibliche Sehnsucht nach Polen und träumt seit zwei Jahren davon, ihren Geburtsort zu besuchen.

Die Sprachsituation von Frau KASIA ist ein gutes Beispiel einer latenten Zweisprachigkeit ‚eines versteckten Bilingualismus'. Dieser Fachbegriff bedeutet, dass die in der Kindheit erworbenen Sprachkenntnisse über viele Jahre hinweg nicht gebraucht wurden, bis zu dem Moment, in dem sich die Symptome der Vergessenheit zeigten. Doch durch das Lernen im Polnischkurs erfolgte ihre teilweise Reaktivierung. Das heißt, dass das früher Erlernte langsam zurückkehrt. Dieser Prozess ist allerdings sehr mühsam, und das Erreichen des perfekten Sprechens ist unmöglich.

Was beeinflusst die Sprache?

Das Verhalten

Zweisprachige Erwachsene geben oft zu, dass sie in Gesprächen emotional unterschiedlich reagieren, je nachdem, mit wem sie sich unterhalten, und welcher Sprache sie sich dabei bedienen müssen.

Obwohl ich nicht perfekt zweisprachig bin, merke und erlebe ich eine ähnliche Situation oft in den Kontakten mit manchen Gesprächspartnern. Ich bin eine offene und spontane Person, die das Erlebte bildhaft und sehr anschaulich verbal beschreibt. Ich muss aber feststellen, dass ich in Gesprächen mit deutschsprachigen Personen sehr konkret und sachlich werde. Ich bilde kurze und präzise Sätze, in denen ich klar meine Gedanken formuliere, ziemlich objektiv Informationen übermittle und meinen Standpunkt rational darstelle.
Diese konkrete Art der Kommunikation folgt bestimmt auch aus der sehr kondensierten Struktur der deutschen Sprache. Ich merkte auch, dass ich jemandem (auch einem Fremden) auf Deutsch ohne große Hemmungen eine private (direkte) Frage stellen kann sowie mich über sehr persönliche Angelegenheiten oder sogar Tabuthemen unterhalten kann. Es ist mir nicht peinlich und ich überlege nicht, wie mich der Hörer einschätzen wird. Fast immer bekomme ich von der deutschen Seite eine offene, direkte und ehrliche Antwort.
Wenn ich mich jedoch mit Polen (natürlich auf Polnisch) unterhalte, empfinde ich einen gewissen Respekt vor dem Gesprächspartner und frage mich oft, ob es sich gehört, ein bestimmtes Thema anzusprechen und ob ich eine schwierige Frage stellen darf. Ich weiß nicht, wie es der Gesprächspartner auffassen wird, ob ich ihm nicht zu nahe trete und ob er keinen Anstoß daran nehmen wird.

Mein Mann merkt auch, dass ich zu einer ganz anderen Person werde, wenn uns meine Eltern besuchen oder wenn wir bei ihnen den Urlaub verbringen. Ich werde gesprächiger, offener und lauter. Oft bin ich auch übertrieben expressiv. Natürlich spielt es dabei auch eine große Rolle, dass ich wegen des Besuchs überglücklich und gut gelaunt bin. Allerdings nimmt auch mein Kommunikationsstil eine andere Form an. Adjektive und emotional geladene Partikel kommen öfter vor. All dies zeigt, wie eng Sprache und Gefühlsleben miteinander verflochten sind.

Die zwei verschiedenen Sprachsysteme

Ältere zweisprachige Kinder sind in ihren Äußerungen stets Einflüssen aus zwei verschiedenen Sprachsystemen ausgesetzt, dem von zu Hause, von draußen, von der Sprache der Mutter oder der Sprache des Vaters. Dies ist sehr schwer und kompliziert und nicht alle Kinder (oft aber auch Erwachsene) kommen mit dieser Situation zurecht. Um sich zu helfen, übersetzen sie manchmal Wörter oder ganze Wendungen direkt aus einer Sprache in die andere. Dies tun sie, da sie sich in diesem Augenblick nicht an das exakte Wort erinnern können. Manchmal vergessen sie zu berücksichtigen oder wissen es einfach nicht, dass in der Zielsprache bereits Wörter existieren, die genau denselben Begriff oder Gegenstand beschreiben. Das wird als Lehnübersetzung bezeichnet.

ANJA und JULIA machen oft Fehler, indem sie deutsche Grammatikregeln ins Polnische übertragen und umgekehrt. So verwenden sie ein falsches grammatikalisches Geschlecht. Sie entwickeln also ihr eigenes System der Sprachschöpfung, entdecken seine Regel und wenden sie bei Bedarf unbewusst an.
- JULIA (7): „Jaka smaczna sosa." („Welch eine gute Soße.")

Das polnische maskuline Substantiv ‚sos' erscheint hier mit einer femininen Endung und wird somit feminin, wie im Deutschen (‚die Soße').

- MAGDA (10): „Ona nie idzie na telefon." („Sie geht nicht ans Telefon.") Das Mädchen übersetzte die deutsche Wendung wortwörtlich ins Polnische, anstatt die floskelhafte Formel „nie odbierać telefonu" zu verwenden, wortwörtlich übersetzt: „das Telefon nicht empfangen".

Hier ein paar Beispiele aus anderen Sprachen.

Deutsche, die in England leben, machen folgende Fehler:

- „Ich nehme eine Dusche" statt „Ich dusche", weil man im Englischen sagt: „I take a shower."

Zweisprachige Kinder meiner deutschen Freundin sagen oft:

- MARVIN: „Ich spende mein Geld" statt „Ich gebe mein Geld aus", weil „to spend" im Englischen „ausgeben" heißt.

- Beim Spielen von „Mensch ärgere dich nicht" sagt MARVIN: „Es ist mein mal" statt „Ich bin dran", weil man im Englischen „It is my turn" sagt.

- PAUL: „Ich habe diese Geschichte aufgemacht" statt „Ich habe diese Geschichte erfunden.", weil „I made this story up."

Die Italiener sagen:

- „Moi dobbiamo ammeldarci al corso die tedesco." („Wir müssen uns zum Deutschkurs anmelden.")

Ammeldarci ist eine Eins-zu-Eins-Übersetzung des deutschen Wortes ‚anmelden', man müsste aber im Italienischen das Wort: ‚iscriverci' für ‚anmelden' benutzen.

Es gibt auch Fehler, die die Deutschen im Englischen machen:

- „I will bring a cake.", statt „I will take a cake", weil im Englischen „bring" und „take" richtungsbedingt sind und im Deutschen gibt es nur „bring".

Und die Polen sagen oft im Deutschen:

„Kinder, packt euch!" anstatt: „Kinder, packt eure Sachen!". Das Wort ‚packen' ist im Polnischen reflexiv. Die Polen sagen es falsch, weil das Wort in beiden Sprachen sehr ähnlich klingt und man denkt, es ist hier und da gleich: ‚packen sich' und ‚pakować się.

Mit dieser Problematik haben alle Menschen zu tun, die Sprachen lernen. Viele Wörter aber auch Redewendungen, die eine völlig neue und unbekannte Erscheinung beschreiben (oft in der Computerbranche) werden in vielen Sprachen der Welt entweder ganz übernommen (Internationalismen): ‚Computer', ‚Internet' oder sie werden ‚eins-zu-eins' übersetzt (Lehnübersetzung): Computer-‚Maus' oder ‚Wolkenkratzer' (skyscraper).

Sprachwechsel (Code-Switching)

Viele Zweisprachige wechseln die Sprache manchmal mitten im Gespräch oder sogar mitten in einer Äußerung. Sie beginnen mit Türkisch, dann sagen sie etwas auf Deutsch und zum Schluss wieder auf Türkisch. Dieser Wechsel findet bei ihnen spontan, ohne große Mühe und sehr schnell statt. Dies ist deshalb möglich, weil diese Menschen eine besondere Fähigkeit besitzen, zwischen zwei Sprachen flüchtig wechseln zu können. Viele Zweisprachige können es nicht. Sie haben eine Ausgangssprache, die während des ganzen Gesprächs dominant bleibt. Die andere Sprache ist natürlich gleichzeitig aktiviert und könnte jederzeit gewählt werden, wird aber nicht verwendet.

Ein solcher Wechsel passiert jedoch nicht zufällig, unbewusst oder unüberlegt, sonst hättem wir es mit einer Sprachmischung zu tun. Er erfolgt absichtlich und geplant und hängt von verschiedenen Faktoren ab, je nachdem, wie ein Gespräch abläuft, worüber geredet wird, welche Rolle die Emotionen spielen, was und wie man sich ausdrücken möchte. Manchmal wird ein Wechsel als Kodierung verwendet, wenn der Sprecher von den Anwesenden nicht verstanden werden will.

Leider kenne ich persönlich niemanden, der in einer längeren Äußerung zwischen zwei Sprachen so schnell wechseln kann, deswegen kann ich an dieser Stelle kein Beispiel von solcher Kommunikation geben. Ich glaube Menschen, die auf solche Art und Weise sprechen können, sind sprachlich hochbegabt.

Typen zweisprachiger Kinder

Abhängig vom Zeitpunkt, an dem ein Kind seine zweite Sprache erlernt, von seiner Fähigkeit und Motivation Sprachen zu lernen und von der familiären Situation unterscheidet man einige verschiedene Typen zweisprachiger Kinder.

• Simultan zweisprachig sind Kinder, die die zwei Sprachen beinahe mit der gleichen Geschicklichkeit benutzen. Sie haben in beiden Sprachen einen ähnlich großen Wortschatz sowie Kenntnisse der Grammatikregeln. Zweisprachige Kinder trifft man in gemischten Familien.

Bei den Einwanderern kann man folgende Typen zweisprachiger Kinder unterscheiden:

• Zweisprachigkeit mit Tendenz zur Dominanz der ersten Sprache. Diese Kinder beherrschen die zwei Sprachen fehlerfrei, jedoch mögen sie sich lieber in ihrer Muttersprache unterhalten. Sie haben sich die Sprachfertigkeit in der zweiten Sprache nach der Gesamtbeherrschung der Muttersprache erworben.

• Zweisprachigkeit mit Tendenz zur Dominanz der zweiten Sprache. Diese Kinder sprechen korrekt und verstehen gleich gut beide Sprachen, unterhalten sich jedoch lieber in der Umgebungssprache.

• Einsprachige Kinder sind solche, die nur eine Sprache beherrschen und in der Kommunikation anwenden. Sie werden erst später mit dem Lernen einer anderen zweiten Sprache anfangen. Meistens ist das die Umgebungssprache.

Dominanz einer Sprache

Die Kinder, die auf eine natürliche Art zwei oder drei Sprachen verwenden, bevorzugen oft eine davon. Sie ist ihre starke (dominante) Sprache, während die andere zur schwachen Sprache wird. Die Herausbildung der starken Sprache hängt von vielen Faktoren ab. Zu den wichtigsten zählen die Zeit des Erlernens und die Methode, wie jemand eine Sprache erworben hat, sowie die Intensität und Häufigkeit der Verwendung der jeweiligen Sprache.

Bei Menschen, die über eine Kompetenz in zwei Sprachen verfügen, ist zu einem bestimmten Zeitpunkt nur eine davon die erste/starke. Eine Sprache wird dominant, weil der Benutzer sie besser beherrscht. Sie wird besser beherrscht, weil man sie öfter hört und weil die Umgebung, das heißt Medien und Gleichaltrige, sie benutzen. Ein Kind spricht sie flüssiger und deswegen wendet es sie häufiger an. Es verfügt in dieser Sprache über einen größeren Wortschatz und kann mit weniger Mühe selbstständig korrekte Aussagen formulieren. In dieser Sprache überdenkt das Kind schwierigere Probleme mit weniger Mühe und löst mathematische Aufgaben viel leichter.

So beherrschen zweisprachige Kinder, die aus Deutschland stammen und in den USA aufwachsen, mehr Ausdrücke, Wendungen und Wörter auf Englisch als auf Deutsch, obwohl sie durch den intensiven Kontakt zu den Eltern ständig sprachliche Anstöße auf Deutsch erhalten. Die Familiensprache ist Deutsch, aber die Sprache der Kinderspiele und der Schulbildung ist Englisch. Wenn aber diese Kinder in den Ferien nach Deutschland kommen, wo Deutsch die Umgebungssprache ist, wo man im Fernsehen und auf der Straße Deutsch hört, wird diese Sprache nach einigen Tagen für sie stark und so bleibt es während des gesamten Aufenthalts. Englisch, das noch vor einer Woche dominant war, wird somit zur schwachen Sprache.

Nicht nur die Sprache als solche, sondern auch einzelne Wörter können dominant werden, so wie es in meinem Fall vorkam.

Ich bin Polin, die bis zum 24. Lebensjahr in Polen lebte und aufwuchs. In Deutschland lebe ich seit 14 Jahren und da ich täglich einen familiären und beruflichen Kontakt mit der deutschen Sprache habe, merke ich, dass mir manche polnische Wörter entfliehen, das heißt, aus dem aktiven Wortschatz schwinden. Wenn ich ein bestimmtes Wort oder eine Phrase verwenden möchte, kann ich sie nicht sofort ins Gedächtnis rufen. Dies kommt vor, wenn ich das polnische Wort ,morela' benutzen möchte. Die deutsche ,Aprikose' ist immer schneller, und um mich vor der Vermischung der beiden Sprachen zu bewahren, warte ich eine Weile ab und überlege bis die polnische ,morela' auftaucht.

Es kann auch vorkommen, dass ein Kind beide Sprachen in einem ähnlichen Maße beherrscht, es sich aber in bestimmten Situationen entscheidet, nur eine von ihnen zu verwenden. So sprechen manche Kinder nur eine, gewählte, Sprache, wenn sie sich mit Tieren unterhalten. Auch beim Spielen kann eine Sprache häufiger gebraucht werden als die andere.

Einmal erzählte mir ein kleines Mädchen, dass ihre Barbie-Puppen immer Ungarisch sprechen, während die Teddybären nur Deutsch können. Manche Kinder lesen, beten oder singen leichter in einer Sprache, aber zählen und lösen kindgerechte Kreuzworträtsel lieber in der anderen. Es folgt daraus, dass die Sprache sehr stark mit erlebten Emotionen sowie Interessen (Lieblingsbeschäftigung) verbunden ist.

Bei Kindern aus sprachlich gemischten Familien kann sich die Sprache des ausländischen Elternteils als schwächer erweisen. Meist wird diese Sprache auch schwächer beim zweiten und den weiteren Kindern in der Familie. Die Einzelkinder und die Erstgeborenen sind gewandter in der Sprache des ausländischen Elternteils und zeigen mehr Mut in ihrer Verwendung. Das geschieht deswegen, weil die Kinder die Sprache viel häufiger und intensiver von ihren Eltern hörten. Die später geborenen Kinder lernten sie auf eine ähnliche Art und Weise, aber durch das ständige Spielen und die ununterbrochene Unterhaltung mit älteren Geschwistern bekamen sie immer mehr Kontakt zur Umgebungssprache. Die Geschwister sprechen selbstverständlich lieber die Umgebungssprache, da sie sie wegen des Besuchs der Schule und beim Zusammentreffen mit Freunden öfter anwenden. Das folgende Beispiel aus dem Leben von MORRIS zeigt die Abhängigkeit der Sprachauswahl von der Situation und Lebensphase, in welcher sich der Junge befindet.

Der siebenjährige MORRIS kam in einer Familie zur Welt, in der sein aus Schlesien stammender Papa ihn immer auf Deutsch ansprach und die Mutter ausschließlich auf Polnisch. Unter sich sprachen die Eltern einwandfreies Polnisch. Diese Trennung der sprachlichen Kommunikation in die Mutter- und Vatersprache blieb konsequent erhalten, bis MORRIS in den Kindergarten ging. Unter dem Einfluss seiner Umgebung fing der Junge ab seinem dritten Lebensjahr an, sich an die Mutter auf Deutsch zu wenden, sie jedoch antwortete ihm unaufhörlich auf Polnisch.

Eines Sommers schickten die Eltern MORRIS für vier Wochen nach Polen zu den Großeltern, da der deutsche Kindergarten im August geschlossen war. Der Junge verbrachte viel Zeit mit polnischen Gleichaltrigen und durch das Spielen mit ihnen stärkte er seine Kenntnisse der polnischen Sprache. Er war gezwungen, die Sprache ständig zu benutzen und sich neues Vokabular anzueignen. Selbstverständlich unterhielt er sich auch mit den Großeltern auf Polnisch.

Interessanterweise sprach Morris in dieser Zeit auch dann Polnisch, wenn er mit seiner in Deutschland gebliebenen Mutter telefonierte. Dieser Zustand hielt noch eine Weile an, auch als er nach Deutschland zurückkehrte. Morris stellte seiner Mutter auf Polnisch Fragen, bat sie um etwas oder erzählte, was im Kindergarten geschah. Es waren jedoch recht einfache und unkomplizierte Sätze.

Während des Tages, bei gemeinsamen Mahlzeiten oder Familienunternehmungen hörte der Junge, wie seine Eltern auf Polnisch miteinander sprachen. Er nahm auch wahr, wie der Vater seine Frau bei ihrem Vornamen Dorota nannte. Zur allgemeinen Verwunderung sprach Morris eine Zeit lang seine Mutter auf Polnisch an, aber nur in Situationen, in denen er sie beim Vornamen nannte (wahrscheinlich deshalb, weil Morris den Papa unbewusst nachahmen wollte). Wenn er zu ihr „Dorota" sagte, verwendete er die gleiche Sprache wie sein Vater, also Polnisch. Wenn er aber Dorota als Mutter ansprach, benutzte er wieder Deutsch, da es seit dem Besuch des Kindergartens die gewohnte Form der Kommunikation zwischen den beiden war.

Bewusste Entscheidung für eine bestimmte Sprache

In den meisten multikulturellen Ländern trifft man auf Wohnviertel, die fast ausschließlich von einer bestimmten fremdsprachlichen Gruppe bewohnt sind. Es sind meist Wohngebiete, in denen die Wohnungen günstiger sind oder die Bewohner ihre Arbeitsstellen in der Nähe haben. Die ausländischen Mitbürger bilden sprachliche Gettos. Die dort aufwachsenden Kinder und Jugendlichen gehen zwar in örtliche Kindergärten und nahe liegende reguläre Schulen, bilden aber meistens einsprachig homogene Klassen oder gehören zur Klassenmehrheit. Weil sie in der gleichen gemeinsamen Sprache kommunizieren, ist es für sie einfacher, Freundschaften zu schließen. In älteren Klassen bilden sie oft Sprachcliquen, zu denen nur diejenigen zugelassen werden, die dieselbe Sprache sprechen, wobei der Rest der Kinder ins Abseits geschoben wird. Die Jugendlichen reden in einer anderen, von der Umgebungssprache verschiedenen Sprache, hören ihre Musik und essen die ihnen von zu Hause bekannten Lieblingsspeisen. So unterstreichen sie ihre Identität und Eigenständigkeit, die in der Pubertät so begehrt ist.

Heutzutage sprechen die meisten Jugendlichen aus Migrantenfamilien mit Stolz über ihre Zweisprachigkeit. Sie freuen sich, dass sie ihre ‚eigene‘ Sprache haben, eine mit einem vertraulichen Charakter, die sie in Gesprächen mit Gleichaltrigen oder Eltern verwenden. Sie wird immer dann gesprochen, wenn die Jugendlichen nicht wollen, dass ihre Gespräche von Dritten verstanden werden sollen. Dies ist eine so genannte Geheimsprache.

7 Das Leben im Ausland

Mit welchen sprachlichen Problemen ‚kämpfen' Auswanderer?

Die Art der Kommunikation in der Familie

Nach einigen Jahren Leben im Ausland und der Teilhabe am dortigen sozialen Geschehen verändert sich lediglich die Psyche (das Empfinden und das Denken) der Auswanderer. Ihre bisherige Art, die Welt wahrzunehmen und die Wirklichkeit zu erleben, unterliegt einem Wandel. Die Verhaltensweisen, die Weltanschauung und die Werte verändern sich. Auf der einen Seite sind die Menschen gezwungen, sich den Erwartungen und dem Lebensstil der Einheimischen anzupassen, auf der anderen Seite erwarten sie auch die Akzeptanz ihrer Kultur.

Die mit der Migration verbundenen Prozesse beeinflussen sehr stark den Zustand der Familie und die Art, sich innerhalb der Familie zu verständigen. Jede Familie, ob ein- oder zweisprachig, entwickelt eine für sich typische und individuelle Form der sprachlichen Kommunikation. Alle Mitglieder kennen sie und versuchen sich an sie zu halten.

Die von einer Familie gewählte Art der Verständigung funktioniert nur in dieser konkreten Familie und ist einmalig. In einer anderen – vielleicht sogar ähnlichen – Familie sieht es womöglich ganz anders aus. Das von allen Familienmitgliedern anerkannte Modell, sich zu unterhalten und zu verständigen, hängt nämlich von sehr vielen Faktoren ab. Das wichtigste ist die emotionale Bindung zwischen den einzelnen Mitgliedern. Dazu kommen die Dauer der gemeinsam verbrachten Zeit und die Intensität des Zusammenseins. Eine große Rolle spielen auch die Anzahl der Kinder und ihr Altersunterschied. Von Bedeutung sind außerdem die Art der Arbeit der Eltern und die Zeit, die sie außer Haus verbringen.

Manches Mal verändert sich die Form der Kommunikation in der Familie. Es kann vorkommen, dass eine Methode eine Zeit lang gute Ergebnisse brachte. Dann aber wird sie modifiziert, da sich die Umstände geändert haben. Dieser Prozess hat mit der Entwicklung und der Reifung der Kinder zu tun und ist auch mit den Veränderungen verbunden, die im Leben eines jeden Familienmitglieds auftauchen. Die Kinder gehen zur Schule, jemand verlässt das Haus, um zu studieren, die Eltern finden einen neuen Arbeitsplatz oder die ganze Familie zieht in eine andere Stadt um. Der Wandel geschieht automatisch, man muss ihn aber erkennen und annehmen.

Anpassung an die neue Umgebung

Viele Menschen, die sich dafür entscheiden, ihre Heimat zu verlassen, um mit ihren Familien in ein neues Land zu ziehen, sind sich nicht ganz bewusst, welche emotionalen Folgen ein solcher Schritt nach sich zieht. Erst nach einer gewissen Zeit treten nach und nach Schwierigkeiten auf.

Jeder Mensch erlebt Hindernisse, die mit der Anpassung an das Leben in einem neuen Land zu tun haben. Er beobachtet die neue Welt, er vergleicht ständig alles, was er erlebt, mit seiner gewohnten Lebensweise. In seiner Wahrnehmung der Welt sieht und bemerkt er sowohl Ähnlichkeiten als auch Unterschiede. Er beobachtet ebenso die Gefühle und das Benehmen der einheimischen Einwohner. Er akzeptiert all die Tatsachen, die ihm aus der seiner Kultur gut vertraut sind. Am meisten spürt er aber die Unterschiede und die Neuheiten, die nicht so leicht anzunehmen sind. Am Anfang lehnt er alles ab, was anders ist und eine Überwindung von Gegensätzen erfordert.

Kurze Aufenthalte im Ausland, in den Ferien oder beim Besuch der Bekannten, sind mit keinen größeren emotionalen Problemen verbunden. Die psychische Einstellung eines Menschen, der nur für eine kurze Zeit in ein anderes Land zieht, ist anders als die eines Ausgewanderten. Er kehrt ja bald in seine gewohnte Umgebung zurück, erfährt also keinen Druck seitens der einheimischen Bevölkerung. Er kann ‚ich selbst' bleiben, da ihn die meisten Vorschriften, wie Gesetze, Rechte, Gebote nicht betreffen. Er ist nur ein Tourist, von dem nichts erwartet wird.

Längere Aufenthalte im Ausland hingegen, zwecks Studiums oder der Aufnahme einer Erwerbstätigkeit sowie eine unbefristete Umsiedlung stellen die Menschen vor vielfältige Hürden. Zuerst muss man sich mit der neuen Umgebung vertraut machen, Natur, Geografie und die andersartige Architektur kennen lernen. Man muss auf neue Nachbarn zugehen, ihre Lebenseinstellung kennen lernen, verstehen und versuchen sie anzunehmen. Man soll versuchen, neue Bekanntschaften zu knüpfen.

Der Alltag in einem neuen Land nimmt seinen Lauf, die Teilnahme am sozialen und beruflichen Leben bringt feste, bestimmte Anforderungen mit sich und Ausländer unterliegen meist anderen amtlichen Vorschriften als die einheimische Bevölkerung.

Für viele Auswanderer in Deutschland ist die Förmlichkeit schwer zu verstehen, im Voraus einen festen Tag und eine bestimmte Uhrzeit zu vereinbaren, um sich mit einem Vorgesetzten, Arzt oder Beamten zu treffen. Sie wundern sich, warum sie in einem Amt nicht empfangen werden können, wenn sie ohne eine Terminvereinbarung kommen. Erst nach einer gewissen Zeit begreift man, dass die Vereinbarung eines konkreten Termins unnötigen Wartezeiten sowie Überraschungseffekten vorbeugt. Die Folgen dieser Vorgehensweise sind sehr vorteilhaft, da man mit Achtung empfangen wird und eine nötige Menge Zeit zur Verfügung bekommt. Trotzdem ist dies für einen spontanen und selbstständigen Ost- oder Südeuropäer sehr schwer zu akzeptieren. In der deutschen Sprache ist das Wort ‚Termin' ein sehr weit ver-

breiteter Begriff geworden, und so sagt man floskelhaft, dass man ohne Termin nichts erledigt bekommt. Allerdings ist die strenge Beachtung der im Voraus festgelegten Uhrzeit oft mit großer Zeitnot und jeder Menge Stress verbunden. Der ganze Tagesablauf muss sich nämlich nach dieser vereinbarten Uhrzeit richten, die eingehalten werden muss. Jeder amtliche Termin, den man aus dem einen oder anderen Grund nicht wahrnehmen kann, muss im Voraus abgesagt werden. Anderenfalls kann man mit ernsthaften Konsequenzen rechnen. So verlangen manche Ärzte sogar ein Honorar für einen fiktiven Besuch, der nicht stattgefunden hat und nicht früh genug abgesagt wurde.

Zusammenstoß zweier Kulturen (Kulturschock)

Das Leben in einem fremden Land hat seine bestimmten sozialen und politischen Regeln, an die man sich anpassen muss, um normal und unauffällig zu leben. In der neuen Heimat sieht der Alltag anders aus als in der alten Heimat und die einheimischen Einwohner verstehen die Welt anders als die Einwanderer. Unterschiedlich ist auch die Außenwelt. Auffallend ist die Dekoration von Straßen oder Geschäften vor Feiertagen wie etwa Weihnachten. Die Familienzusammenkünfte werden anders erlebt und die Geburtstagsgeschenke haben einen anderen Charakter. Sie sind teurer oder edler, aber nicht so persönlich und kaum selbst gemacht. Die Beispiele könnte man leicht weiter fortführen.

Jeder Ausländer möchte eine Zeit lang nach der Ankunft in das neue Land ,er selbst' bleiben. Das heißt, er möchte sich ähnlich wie im Herkunftsland verhalten, genauso denken und die gleichen Werte pflegen, die er aus dem Elternhaus mitbrachte. Man kann es als eine Art Konservatismus ansehen. Am Anfang werden die altvertrauten Prinzipien auf den neuen Boden umgepflanzt und streng befolgt. Man möchte sie so lange wie möglich beibehalten. Hier möchte ich ein Beispiel anführen, das sehr gut den Zusammenprall von zwei Kulturen widerspiegelt: der polnischen und der schwedischen.

Vor vielen Jahren fuhr der Vater einer Freundin von mir nach Schweden zu deren Verlobten, um die zukünftigen Verwandten kennen zu lernen. Bis dahin hatten die Eltern keine Gelegenheit, sich zu begegnen. Beim Eintreten in die Wohnung der künftigen Schwiegermutter gab ihr Herr MAXIMILIAN einen Handkuss. Dies tat er, weil es eine allgemein bekannte polnische Sitte ist, welche die Achtung für eine Frau und die Gastgeberin ausdrückt. In Unkenntnis dieser Sitte fühlte sich die Schwiegermutter meiner Freundin plötzlich sehr unwohl und wusste nicht, wie sie reagieren sollte. Ganz verlegen wischte sie sogar die Stelle des Handkusses ab, wodurch sich wiederum Herr MAXIMILIAN verletzt fühlte.

Diese Situation wurde zu keinem großen Problem, aber die zwei fremden Kulturen und Traditionen sind dabei aufeinander geprallt. Seit dieser Zeit unterhalten sich die Angehörigen beider Familien viel über die in ihren Ländern herrschenden Sitten, um künftigen Ungeschicklichkeiten vorzubeugen.

Jeder in einem neuen Land lebende Mensch kann bemerken, dass die Leute um ihn herum auch eine interessante Kultur besitzen. Die Gewohnheiten der Einheimischen sind zwar anders als die vertrauten, aber oft interessant und wertvoll. Der Einwanderer nimmt das andere Verhalten wahr, lernt es und versucht es zu verstehen.

In Deutschland herrscht die Gepflogenheit einer Mittagsruhe zwischen 12.00 und 14.00 Uhr, die weithin noch sehr streng beachtet wird. In manchen Siedlungen muss dann, nicht nur im Treppenhaus, sondern auch auf dem Hof absolute Ruhe herrschen. Im Haus darf während dieser Zeit nicht staubgesaugt werden, man darf die Waschmaschine nicht einschalten und keine Musikinstrumente spielen. Auf dem Hof dürfen die Kinder nicht schreien, Ball spielen oder singen. Eine derartige Einschränkung hätte in anderen europäischen Ländern keine Chance, deshalb ist dies für die Einwanderer unglaublich schwer zu verstehen und zu akzeptieren.

Der dritte Wert

Den Begriff „der dritte Wert" führte eine polnische Schriftstellerin ein, die seit Ende des zweiten Weltkrieges in den USA lebt: Professorin DANUTA MOSTWIN. Sie beschrieb in ihrem Buch unter dem gleichen Titel ihr soziologisches, wissenschaftliches Studium über die Verhaltensänderung bei polnischen Einwanderern in den USA.

Der Zusammenstoß zweier Welten und Kulturen ist mit vielen Mühseligkeiten verbunden, sowohl für die einheimischen Einwohner als auch für die Einwanderer. Obwohl diese Spannung eine Achtung für Verschiedenheit und Toleranz lehrt sowie die Einwanderer um neue Erlebnisse bereichert, ist es nicht leicht, alles zu akzeptieren.

Wenn ein Ausländer gezwungen wäre, alle für ihn neuen Werte anzunehmen, hätte er ein Gefühl der Nötigung, da er sich durch ihre Annahme gänzlich verändern müsste.

Es kann aber auch vorkommen, dass der Mensch nach einer in der Regel längeren Überlegung zum Schluss kommt, dass seine alte streng bewahrte und gepflegte Tradition und die bisherige Weltanschauung zum neuen Leben überhaupt nicht mehr passen. Er veränderte sich nämlich, entwickelte sich weiter und die ursprüngliche Lebensphilosophie und Denkweise entbehrten nun ihrer Grundlagen.

Und hier lässt sich ein sehr interessanter Prozess beobachten. Der Ausländer verwirft seine bis jetzt eingewurzelten und gewohnten Verhaltensweisen, die er nicht mehr mag, und lehnt

auch die ganz neuen und unbekannten ab, die ihm nicht gefallen. Er behält aber einen Teil der alten, bisher geschätzten
Werte und eignet sich zusätzlich den Teil der neuen Werte an,
die ihn ansprechen. So verbindet er die zwei sich gegenseitig
fremden Kulturen. Positive Werte aus der Vergangenheit und
die neuen, erst vor kurzem entdeckten, kommen miteinander
in Berührung. Aus den zwei separaten Werthierarchien bildet
sich mental in der Psyche des Ausländers ein drittes, neues Wer-
tesystem. Er bewahrt die geschätzten Werte und verbindet sie
mit den positiven neu entdeckten Werten des neuen Landes.
So erschafft er neue Prinzipien und Traditionen in der eigenen
Familie. Hier ein Beispiel für eine solche Verbindung:

ANGELIKA ist mit einem Franzosen verheiratet und wohnt seit
zehn Jahren bei Paris. Sie erzählte mir über ihre Erlebnisse aus
den ersten Jahren ihrer Ehe. Als Kind war sie davon begeistert, ihrer Mutter bei der Vorbereitung des Weihnachtsabends
helfen zu dürfen und war stolz darauf, dass in ihrer Familie
auf eine typisch polnische Art gefeiert wird. So wie es ihre
Eltern von deren Eltern übernommen haben. Das abendliche
Festmahl begann, nachdem der erste Stern am Himmel auftaucht war, auf dem Tisch waren mindestens zwölf fleischlose
Speisen zu finden und die Geschenke warteten unter dem
Weihnachtsbaum. In den ersten Ehejahren hatte ANGELIKA den
Ehrgeiz, das ganze Fest so vorzubereiten, wie sie es zu Hause
gelernt hatte. Sie träumte davon, dass dieser Tag so aussieht,
wie sie ihn seit ihrer Kindheit in Erinnerung hatte.
Ihr Mann beobachtete die gesamten kulinarischen Vorberei-
tungen mit viel Geduld, wenn auch etwas reserviert. Er fürch-
tete sich davor, etwas zu kommentieren, da er wusste, wie
wichtig es für seine Frau ist, und er wollte sie auf keinen
Fall verletzen. Als ein in der französischen Tradition erzogener
Franzose hatte er nicht viel Ahnung von polnischen Bräu-

chen. Endlich war alles vorbereitet und die ganze furchtbar hungrige Familie wartete gespannt. Der Ehemann fragte, ob sie schon mit dem Essen anfangen dürften, da er schon den ganzen Tag lang gefastet hätte. Es war eigentlich erst zwei Uhr nachmittags und von dem ersten Stern am Himmel noch lange keine Spur, aber er könne nicht mehr länger warten. Er drängte langsam. ANGELIKA willigte ein, obwohl sie es ganz anders geplant hatte.

Bei der Mahlzeit stellte sich heraus, dass den Kindern die rote Rübensuppe suspekt war, so dass sie sie gar nicht probierten. Ihr Ehemann aß noch nie ein kaltes Apfelkompott mit viel Vanillezucker und Zitronenschale, ihm würde ein Pfirsichkompott viel besser schmecken. Meine Freundin nahm seinen Vorschlag an, obwohl man bei ihr zu Hause am Weihnachtsabend nie Obst aus der Dose gegessen hatte. Als sie nach dem Abendessen noch einen selbst gebackenen Mohnkuchen auf den Tisch brachte, waren alle schon so satt, dass sie ihn gar nicht anrührten.

Die Kinder fragten die ganze Zeit, wann die Bescherung stattfindet, und um sie zu beschleunigen, setzten sie sich schon ungeduldig unter den Weihnachtsbaum. Ihr Mann hatte vorher vorgeschlagen, die Geschenke nicht unter den Baum zu legen, sondern einzeln aus einem anderen Zimmer zu holen und jedem persönlich zu übergeben. So in etwa wie man Geburtstagsgeschenke aushändigt. Auf diese Art beschenkt man sich in seiner Familie.

Am Abend, nach der Feier, analysierte ANGELIKA den Verlauf des Tages. Sie fand es etwas traurig, dass es ihr nicht gelungen war, die Familientradition aufrechtzuerhalten. Trotzdem entschloss sie sich, den nächsten Weihnachtsabend etwas anders zu gestalten. Dass sie nicht krampfhaft am Bild aus ihrer Kindheit festhalten und manche Änderungen billigen wird, um die ganze Familie froh und glücklich zu machen. Sie entschloss sich zu einem Kompromiss, das heißt, sie verzichtete teilweise auf die polnische Familientradition, die zu ihrer neuen, bikulturellen Familie nicht mehr passte und übernahm einen Teil der französischen Traditionen ihres Mannes. Bei ihm trinkt man am Weihnachtsabend einen aus schwarzem Tee gemachten Punsch, dem man frisch gepressten Orangensaft, Rum und braunen Zucker beimischt. Dazu isst man winzige Butterkekse, die im Dezember an den Winterabenden zu Hause gebacken werden. Je mehr Formen und Geschmacksorten auf dem Tisch liegen, desto größer die Freude, an ihnen zu naschen. Innerhalb einiger Ehejahre schaffte meine Freundin für die Weihnachtsfeier eine neue, sozusagen eine dritte Tradition. Sie gehört eigens zu dieser Familie und so werden ihre Kinder sie kennen lernen, so werden sie sie im Gedächtnis behalten - so lange sie keine eigene gebildet haben.

Dieses Problem können wir wahrscheinlich bei jedem jungen Ehepaar beobachten, aber bei Partnern aus dem gleichen Land sind die Unterschiede im Normalfall eben viel kleiner.

Das Zusammentreffen von Menschen aus verschiedenen Welten
In den größeren europäischen und amerikanischen Städten ist die einheimische Bevölkerung dazu gezwungen, mit Einwanderern zusammenzuleben. Sie ringen im Alltag mit den starken Einflüssen der neuen Sprachen, Religionen und Ansichten. Manche Verhaltensnormen, Gewohnheiten und von den Einwanderern geschätzten Werte werden vom Umfeld positiv empfunden. Es ist also leichter, sie zu akzeptieren und gern zu haben. Andere, unbekannte Eigenschaften und diejenigen, die schwerer zu verstehen sind, machen es unmöglich, den Einwanderernuneingeschränkt mit Sympathie, Zuneigung und Verständnis zu begegnen. Sie verursachen eher eine gewisse Vorsicht und Reserviertheit.

Die Einheimischen befürchten, oft zu Recht, eine zu scharfe Abtrennung der Ausländer von den Inländern. Sie können ihrerseits Nachrede vermuten, sowie den Verlust des eigenen Lebensgleichgewichts und des Sicherheitsgefühls, welche sie sich über lange Jahre hinweg aufgebaut haben. Sie fürchten sich auch vor der Dominanz; dass das Fremde und Andere gegenüber der ihnen gut vertrauten und akzeptierten Stabilität überwiegen könnte. Um dies zu überwinden, müssten die Einheimischen ein größeres Interesse für das Thema der kulturellen Vielfalt an den Tag legen und sich mit ihr befassen wollen. Dies ist aber nicht leicht, da man nicht jeden Tag Gelegenheit bekommt, einen Ausländer, der fremde Sitten pflegt, näher kennen zu lernen und sich mit ihm offen und tief zu unterhalten.

Vorteilhafter wäre für die Einwanderer eine demokratische Einstellung seitens der einheimischen Bevölkerung – eine solche, die die anderen Kulturen respektiert und toleriert. Eine Haltung, die die unbekannte Lebensart schützt und ihr eine Existenz erlaubt, ohne sie als eine Bedrohung für die eigene Kultur zu sehen. Die Integration von Ausländern kann nur stattfinden, wenn sich beide Seiten beteiligen. Von den Zugereisten wird verlangt, generell die hierzulande herrschenden Regeln zu beachten, sich an sie zu gewöhnen und anzupassen. Die Einwanderer sollten sich bemühen, sich einzuleben, die Sprache gut zu beherrschen und nach kurzer Zeit eine berufliche Tätigkeit aufzunehmen. Dies stimmt, aber zusätzlich sollen in dieser Situation auch die Einheimischen den Einwanderern eine helfende Hand entgegen strecken. Sie sollten sie dabei unterstützen, sich mit dem für sie neuen und fremden Land vertraut zu machen.

Allzu strenge Kritik und zu große Furcht vor dem Neuen und Unbekannten sollte sowohl bei den Einwanderern als auch den Einheimischen zu einem Versuch werden, sich richtig kennen zu lernen, um sich besser zu verstehen.

Nicht vergessen werden sollte, dass jede Begegnung mit einem anderen Menschen beide Seiten bereichert. Annäherung kann sehr wertvoll und faszinierend sein. Wenn wir versuchen Fremde zu verstehen und sie zu akzeptieren, dann wird das Leben für uns leichter und angenehmer.

Schwierigkeiten mit der eigenen Muttersprache

Das Leben im Ausland verändert nicht nur den Lebensstil eines Menschen, seine Art, die Welt wahrzunehmen und die Einstellung zu anderen Menschen. Langsam tauchen auch Schwierigkeiten mit der Verwendung der eigenen Muttersprache auf. Aus dem aktiven Wortschatz schwinden selten verwendete Wendungen, was dazu führt, dass die Sprache ärmer wird. Die Gespräche mit anderen im Ausland lebenden Landsleuten werden zwar immer noch in der Muttersprache geführt, aber das dabei angewendete Vokabular wird elementarer. Die Aussagen stellen eher eine trockene Informationsvermittlung dar als einen Versuch, dem Gesprächspartner näher zu kommen. In den Sätzen dominieren Verben und Nomen ohne Verwendung von Adjektiven. Es tauchen falsche Deklinationen auf, die Verben bekommen fehlerhafte Konjugationsendungen, in den Sätzen kommen keine richtigen einsprachigen Wörter mehr vor, sondern viele Entlehnungen aus anderen Sprachen, vor allem der Umgangssprache. Im Endeffekt entsteht eine typische Diaspora-Sprache. Es ist eine bestimmte Art von Mischsprache, die sich durch Interferenzen charakterisiert, das bedeutet, dass sich beide Sprachen gegenseitig beeinflussen. Bei sprachlichen Kontaktsituationen kommt es zur Übernahme von Elementen und Strukturen der einen Sprache in die andere.

Leider unterlaufen Fehler dieser Art auch mir selbst. Es überrascht mich sehr, aber es ist die Wahrheit, dass meine Töchter, die mittlerweile schon 11 und 13 Jahre alt sind, mir in solchen

Momenten zu Hilfe kommen. Ich merke nämlich, dass ihr Wortschatz nicht selten reicher ist als meiner, sie verwenden Phrasen und Formulierungen, an die ich mich gerade nicht erinnere und ihre Ausdrucksweise ist stilistisch korrekter als meine. Wie kann es sein, dass jüngere und in Deutschland geborene Menschen manchmal besser Polnisch sprechen als ich als gebürtige Polin?

Menschen, die schon lange im Ausland leben, klagen über Schwierigkeiten sich frei und spontan verbal in der eigenen Muttersprache ausdrücken zu können. Oft fehlen ihnen bestimmte Wörter, die sie für eine präzise Formulierung der Gedanken bräuchten. Da sie sie nicht schnell ins Gedächtnis rufen können, benutzen sie Umschreibungen, die nicht immer genau das ausdrücken, was man meint.

Sehr oft kommt es zu diesen Situationen, wenn der Sprechende etwas sagen oder erklären möchte und gleichzeitig den Eindruck hat, dass ihm der Gesprächspartner nicht aufmerksam oder gar nicht zuhört. Das heißt, er sieht ihn nicht an, wechselt die Gesprächsthemen sehr schnell oder stellt ohne abzuwarten schon die nächsten Fragen. In solchen Augenblicken werden Menschen, die Schwierigkeiten mit der ausführlichen und genauen Ausdruckweise haben, schnell nervös und unruhig. Sie verschließen sich und hören nach einer Weile auf, irgendetwas zu sagen und nehmen an dem weiteren Gespräch nicht mehr teil. Sie verlieren langsam ihr Selbstbewusstsein und stellen sich nur auf den Empfang der Informationen ein. Mit der Zeit werden sie zu sehr guten ‚Zwangszuhörern'. Diesen Prozess habe ich bei mir und bei manchen meiner Bekannten beobachtet.

Es tauchen negative Emotionen auf. Der Sprechende weiß ganz genau, dass es ein konkretes Wort gibt, das die gemeinte Auffassung präzise ausdrückt oder das aktuelle Phänomen perfekt beschreibt, aber man kann sich nicht daran erinnern.

Diese Situation beeinflusst die Psyche dieses Menschen sehr negativ und verursacht Wut sowie das Gefühl, unbeholfen zu sein. Es ist sehr unangenehm, unbeschreiblich und undenkbar für jemanden, der sich noch nie in einer solchen Lage befunden hat.

Zum Glück kann man die Muttersprache nicht restlos vergessen. Alle scheinbar vergessenen Begriffe, Wendungen und Wörter kommen in dem Moment zurück, wenn man mit einem Gesprächspartner spricht, der erst seit kurzem im Ausland lebt. Seine Ausdrucksweise ist nämlich expressiv und bildhaft und der Wortschatz reich und treffend.

Ähnliches passiert während des Urlaubs im Heimatland. Alles kommt wieder zurück, Wörter fallen spontan ein und man kann sich erneut ohne größere Einschränkungen mühelos ausdrücken.

Die oben beschriebenen sprachlichen Schwierigkeiten und Momente der verbalen Rückkehr erlebe ich sehr oft. Ich merke aber auch bei Unterhaltungen mit jemandem, der erst vor kurzem nach Deutschland gekommen ist, wenn jemand aus Polen zu Besuch kommt oder wenn ich dorthin in Urlaub fahre, dass ich mich ziemlich schnell an die vermutlich vergessenen Ausdrücke erinnere. Höre ich einem Gesprächspartner zu, entdecke ich mit viel Freude und Spaß die mir wohlbekannten und von mir geliebten Bezeichnungen und Wendungen. Ich wundere mich wirklich darüber, wie ich sie nur vergessen konnte. Es stellt sich heraus, dass alle Strukturen der Sprache irgendwo tief im Gehirn gespeichert sind. Sie existieren in einer passiven Form, aber um sie wieder in den aktiven Wortschatz zu bringen, braucht man Reize von außen, solche wie die Kontakte mit Landsleuten. Manchmal hilft schon ein längeres Telefonat mit einem Verwandten oder Bekannten im Heimatland.

Pflege der eigenen Kultur außerhalb der Landesgrenzen

In diesem Abschnitt beschreibe ich die Probleme polnischer Auswanderer, die in Deutschland leben. Meine Beobachtungen beziehen sich auf Deutschland, weil ich hier wohne. Ich glaube, auch Menschen aus anderen Länderkonstellationen werden die hier besprochene Problematik zumindest zum Teil auf ihre eigene Lebenssituation übertragen können.

Menschen, die im Ausland leben, suchen, um keiner aus der Sehnsucht nach der eigenen Sprache und Kultur erwachsenden Depression zu verfallen, in erster Linie bewusst nach häufigen Kontakten mit der heimatlichen Kultur im weiten Sinne der Wortes (Landsleute, Essen, Lebensmittel, Fernsehen).

Die Geschäfte mit den heimischen Produkten und Vereine aller Art bringen viele Polen im Ausland zusammen. Sie bieten ausgezeichnete Gelegenheiten, netten Menschen zu begegnen und sich mit ihnen anzufreunden. Es kommt aber leider sehr oft vor, dass diese neuen Bekanntschaften ein bisschen erzwungen sind und eigentlich nur deshalb zustande kommen, weil der oder die Betroffene in der unmittelbaren Nähe wohnt, Kinder im Alter unserer Kinder hat und sich in einer ähnlichen Lebenssituation befindet. In einer polnischen Umgebung würden diese Freundschaften wahrscheinlich erst gar nicht entstehen, oder sie wären nicht so intensiv. Dies ist aber kein großes Problem, da es am wichtigsten ist, dass man nun mit einem Menschen befreundet ist, der einen mag und versteht.

Um täglich einen Kontakt mit der eigenen Muttersprache zu haben sowie das gesellschaftliche und politische Geschehen im Herkunftsland verfolgen zu können, haben Ausländer nach Absprache mit dem Vermieter die Möglichkeit, eine Satellitenantenne auf dem Balkon oder am Fenster anzubringen, um so die Radio- und Fernsehsender aus ihrer Heimat zu empfangen. In den Großstädten gibt es außerdem die Möglichkeit, am Bahnhofskiosk regelmäßig Zeitungen und Zeitschriften aus verschiedenen Ländern und in verschiedenen Sprachen zu kaufen. Natürlich sind die polnischen Illustrierten in Deutschland viel teurer als in jeder polnischen Stadt, aber ihre ‚Frische‘, Aktualität und der polnische ‚Duft‘ verdrängen die Preisfrage. Es ist nämlich sehr angenehm, eine Zeitung mit polnischen Buchstaben in die Hand zu nehmen, auf deren Titelseite vertraute Gesichter aus dem polnischen Fernsehen zu sehen sind.

Eine unvergleichbare Freude macht es den Einwanderern, das Internet zu nutzen, da sie sich somit in Sekundenschnelle mit Polen verbinden können. Die Leichtigkeit, mit der man per E-Mail Post versenden kann, die Möglichkeit, Informationen auf polnischen Websites zu lesen und an Diskussionen in verschiedenen Internetforen teilzunehmen, bewirkt, dass sie sich nicht so entfremdet und vereinsamt fühlen.

Die Polen im Ausland sehen sich heimatliche Fernsehsendungen an, kaufen polnische Zeitungen und surfen nicht etwa deswegen im ‚polnischen‘ Internet, weil ihre Deutschkenntnisse zu eingeschränkt sind, um auf Deutsch zu lesen. Hier geht es um etwas anderes – um das freudige Erlebnis, durch intensiven sprachlichen Kontakt einem Teil des Heimatlandes zu begegnen. Indem man Fotos bekannter Persönlichkeiten ansieht, neue polnische Kochrezepte findet oder politische Nachrichten liest, kann man sich mindestens für eine Weile in eine andere, emotional sehr nahe stehende und seit der Kindheit geliebte Welt versetzen. Meine Bekannten hängen zu Hause Bilder mit typisch polnischen Motiven, polnische Kalender oder Fotos auf. In sehr religiösen Familien sieht man Gegenstände oder Fotos mit Abbildungen von Heiligen, die aus dem Kinderalter bekannt sind.

8 Förderung der zweiten Sprache

Wie soll die Zweisprachigkeit gepflegt werden?

Es ist sehr wichtig, den Kindern immer wieder zu zeigen, dass wir als Eltern sehr stolz auf ihre sprachlichen Fortschritte sind. Zweisprachigkeit, ihr Erwerb und ihre Perfektionierung verlangen nämlich von den Kindern viel Anstrengung. Wie jedes Fach, das man verstehen, begreifen und erlernen muss, ist auch das Beherrschen einer zweiten Sprache für die Kinder mit Schwierigkeiten verbunden. Den Eltern sollte bewusst sein, dass sie Hilfe leisten müssen.

Häufige sprachliche Kontakte mit Landsleuten

Kurz zusammengefasst ist zu sagen, dass das Kind die Sprache der Eltern am effektivsten durch ein intensives Zusammensein lernt. Es hört ständig die Äußerungen der Eltern, versteht sie und versucht, sich diese zu merken. Später formt es auch seine eigenen Sätze, aber ohne äußere Einflüsse wäre das unmöglich. Kurze Gespräche und längere Unterhaltungen mit den geliebten Personen spielen eine große und bedeutende Rolle, weil das Kind dabei erfährt und erkennt, dass es wichtig und wertvoll für die Eltern ist. Es fühlt die Zuneigung und das Interesse der Eltern und dies kommt seiner sprachlichen Entwicklung am meisten zu Gute.

Wenn die Kinder aber ständig mit denselben Personen zu tun haben, hören sie von ihnen stets dieselben Ausdrücke und Formulierungen. Deshalb ist es wichtig, dass das Kind auch einen anderen Sprachstil kennen lernt und Gelegenheit bekommt, einen neuen Wortschatz zu hören. Hier wäre ein häufiger Kontakt mit anderen Erwachsenen sowie Gleichaltrigen von großer Bedeutung, damit das Kind ein neues Vokabular erschließt.

Es wäre von Vorteil, wenn die Eltern oft Gäste aus ihrer Heimat einladen würden, am besten Bekannte mit Kindern im gleichen Alter wie ihre eigenen. Beim gemeinsamen Spielen werden sich alle Beteiligten verpflichtet fühlen, nur eine, gemeinsame Sprache zu verwenden. Auch die Kinder, die unsere Sprache teilweise ablehnen, werden sich jetzt umstellen müssen.

Sehr hilfreich sind auch die in demselben Land lebenden Freunde, Landsleute der Eltern. Sie sprechen nämlich die gleiche Familiensprache wie die Eltern. Bei gemeinsamen Treffen mit der Familie sollen sie bewusst und beharrlich alle anwesenden Kinder in ihrer Muttersprache ansprechen und diese Art der Kommunikation von ihnen einfordern. Kleine Kinder unterhalten sich gerne und möchten von den Erwachsenen als gleichberechtigte Konversationspartner behandelt werden, deshalb erfassen sie die Spielregeln schnell und ordnen sich ihnen unter. Wenn man ihnen ein besonderes und ernsthaftes Interesse zeigt, fühlen sie sich ausgezeichnet. Ihr Ehrgeiz lässt sie nicht in einer anderen Sprache antworten als in jener, in der die Frage formuliert wurde. Dann sprechen sie mit den Freunden ihrer Eltern und später spontan auch mit den Eltern selbst so, wie diese es sich wünschen. Anfangs vielleicht mit Fehlern und Mischungen aus der anderen Sprache, nach einer Weile jedoch schon korrekt.

Es wäre gut, wenn diese Freunde Kinder hätten. Dann ließen sich während der Familientreffen für die Kinder gezielt Freizeitbeschäftigungen organisieren: mit ihnen gemeinsam ein Lagerfeuer vorbereiten, auf dem See mit einem Boot rudern, schwimmen oder Ball spielen. Beim Spiel ergibt es sich auf natürliche Weise, dieselbe Sprache zu sprechen. Es könnte passieren, dass die Verständigung am Anfang für die Kinder zu schwierig sein wird und dass sie den Kontakt zu den Anwesenden für eine gewisse Zeit ablehnen werden. Doch die Lust und der Wunsch, an einem gemeinsamen Spiel teilzunehmen, werden am Ende gewinnen, was dazu führen wird, dass die Kinder sich überwinden. Auch wenn sie unter sich in einer anderen Sprache kommunizieren, werden sie die Erwachsenen aus Respekt anders ansprechen. Nach einiger Zeit kann es außerdem vorkommen, dass sie anfangen werden, sich auch untereinander in der geförderten Sprache zu verständigen.

Lautes Vorlesen

Kleine Kinder sehnen sich nach authentischen (wahren, lebendigen) Sprachbegegnungen und streben sie an. Sie zeigen es dadurch, dass sie die Mama oder den Papa an der Hand nehmen und in ihr Zimmer führen, wo sie bunte Bücher mit Bildern von Tieren oder Märchengestalten holen und sagen: „Bitte, lies mir etwas vor!"

Ältere zweisprachige Kinder unterscheiden die Bücher je nach Sprache. Sie wissen, welche immer nur von der Mama und welche vom Papa vorgelesen werden. Die Kinder bringen eine Sprache mit der sie verwendenden Person in Verbindung. Und so bekommt ein spanischsprachiger Vater niemals ein deutsches Buch zu lesen.

Im Alter von vier Jahren wusste ANJA, *dass ich den Kindern nie auf Deutsch vorlese, obwohl ich die Sprache gut kenne. Ich las den Kindern immer nur auf Polnisch vor. Eines Tages brachte mir die damals zweijährige* JULIA *ein deutsches Buch von Benjamin Blümchen.* ANJA, *ein bisschen schockiert, blickte zuerst ihre Schwester an, dann mich und sagte: „Es ist so ein Buch, wie der Papa spricht. Du kannst es nicht lesen!"*

Aus diesem Grund wäre es sehr wichtig, dass man zu Hause eine große Sammlung von Kinderbüchern hat. Das laute Vorlesen von Mama oder Papa wirkt in der Sprachentwicklung der Kinder große Wunder. Die Kleinen sind begeistert davon, sich

Geschichten oder Märchen anzuhören, während sie in der Nähe der Eltern sitzen oder sich an sie kuscheln.

Bücherlesen bedeutet vor allem einen Kontakt mit der literarischen Sprache. Dies ist etwas ganz anderes als der für die Kinder gut bekannten und alltäglichen Sprache der Eltern zuzuhören. In einem Buch oder auch in anderen nicht unbedingt poetischen Texten wie Kreuzworträtseln und Denksportaufgaben begegnet ein Kind der Sprache eines Autors. Er ist ein Fremder und ein neuer Sprachvertreter, der seine Gedanken und Empfindungen auf eine andere Art ausdrückt, als es im häuslichen Umfeld des Kindes üblich ist. Zusätzlich erlernt es bei der Erarbeitung eines Textes viele neue und nützliche Formulierungen und Redewendungen.

Es ist sehr wichtig, den Kindern gute, wertvolle und schöne Bücher vorzulesen, nicht nur hinsichtlich der beschriebenen Thematik, sondern auch bezüglich ihrer sprachlichen Qualität. Zweisprachige Kinder sind sehr empfindsam gegenüber der angewendeten Sprache in der Literatur. Es ist nicht immer empfehlenswert, nach einer Übersetzung aus einer anderen Sprache zu suchen. Die Wiedergabe eines fremden Textes muss dem Kind aus der sprachlichen Sicht nicht immer entsprechen. Der Wortschatz kann nicht kindgerecht sein, die Naturbeschreibungen zu wenig bildhaft und die Dialoge wenig verständlich. Kleine Kinder haben nämlich ein Feingefühl dafür, schön geschriebene Werke von weniger guten zu unterscheiden. Deshalb ist es empfehlenswert, Ausgaben im Original zu verwenden.

Als meine achtjährige Tochter das Lesen auf Polnisch lernte, wünschte sie sich ein Buch über ein Tier, am besten über ein Pferd. Als wir unsere Ferien in Polen verbrachten, fanden wir eine Erzählung über das schöne kleine Pferd Pony, eine Übersetzung aus dem Englischen. Der Umschlag war rosa mit glitzernden, goldenen Sternen (was sehr wichtig war) und die

Buchstabengröße war für Abc-Schützen geeignet. JULIA verliebte sich in das Buch und wollte es im Ganzen lesen. Wie sich später herausstellte, erfüllte das Buch aber das Kriterium der kindlichen sprachlichen Schönheit nicht. Meine Tochter fand es schwierig, den Inhalt zu begreifen. Die beschriebenen Situationen waren für sie unklar und das Handeln sowie die Empfindungen der Helden waren ebenfalls nicht verständlich. Die Ereignisabläufe waren nicht miteinander verknüpft und der Sinn der Geschichte ließ sich schlecht nachvollziehen. Der Wortschatz war schwer. Nach den ersten 30 Seiten beendete JULIA die Lektüre.

Wir kauften ein anderes Buch von einer polnischen Autorin über einen kinderfreundlichen Hund. Er half ihnen und sorgte für sie in Abwesenheit der Eltern. Schon nach einigen Seiten merkte JULIA einen riesigen Unterschied im Vergleich zu dem Buch über das Pony. Sie mochte den Stil der Geschichte: er war bunt, lebhaft und voller Wärme. Auch die Art, wie die Autorin die Erlebnisse der Kinder beschrieb, gefiel JULIA. Sie konnte sich in das Leben der Helden hineinversetzen und fühlte das gleiche wie sie. Der verwendete Wortschatz war für sie ganz verständlich und der Inhalt geeignet für eine Achtjährige.

Kinderbücher sollten also in einer schönen literarischen Sprache geschrieben sein und die beschriebenen Situationen sollten bildhaft und auf eine an die kindliche Sensibilität angepasste Art dargestellt sein, sonst findet das Buch keine Akzeptanz.

Ein gemeinsam und laut vorgelesenes Buch wird immer zu einem Gesprächsthema zwischen Kindern und Eltern werden. Die dargestellten Situationen beleben die Fantasie und versetzen den Leser in eine weit entfernte Welt. Eine Welt voll Glück und Träume. Beim Zuhören tauchen beim Kind neue Empfindungen und Gefühle auf, es entstehen auch viele Fragen und Probleme, die besprochen und gemeinsam mit Mama oder Papa beantwortet und gelöst werden müssen. Das Kind erkundigt sich nach den Handlungsmotiven der Helden und versucht oft, die gestellten Fragen selbst zu beantworten. In seinen Äußerungen benutzt es die Wörter und Formulierungen, die es gerade gehört hat. Auf diese Art und Weise lernt es sie. Dies entwickelt den Intellekt und die Sprachfertigkeit des Kindes.

Lautes Vorlesen unterstützt die Sprachentwicklung. Das Kind lernt die Sprachmelodie, hört und merkt sich die Wortbetonung, erkennt anhand der Intonation des Lesenden, wo es sich um eine Frage und wo um einen Ausruf handelt.

Bücher bereichern den Wortschatz des Kindes. Beim erstmaligen Vorlesen einer Erzählung versteht das Kind die Bedeutung eines neuen Wortes nicht sofort. Es ist aber in der Lage, aus dem Satzkontext zu erschließen, was es bedeuten mag. Das Kind formt sich eine Vorstellung über den Inhalt dieses neuen Begriffs, auch wenn es sich dessen nicht sicher ist. Es gibt Wörter oder Wendungen, die das Kind noch nicht gehört hat und deren Botschaft es anhand des Textes nicht verstehen kann. Dann wird eine Frage an die Eltern gestellt und somit etwas Neues gelernt.

Lesen ist auch ein Konzentrationstraining für die Kinder. Einem Märchen zuzuhören weckt Interesse an der weiteren Handlung.

Welche Bücher soll man den Kindern vorlesen?

Mangelnder Kontakt mit der zweiten Sprache trägt dazu bei, dass die Kinder im Ausland über einen beschränkteren Wortschatz verfügen als ihre Gleichaltrigen im Herkunftsland. Dies bedeutet für sie Schwierigkeiten, einen neuen und unbekannten Text zu verstehen. Deswegen werden sie beim Vorlesen oft schnell müde und ungeduldig. Zum Schluss wollen sie gar nicht mehr, dass man ihnen etwas vorliest, da sie sich auf den schwierigen Inhalt nicht lange konzentrieren wollen und können.

Die besten Bücher für Kinder bis zum siebten Lebensjahr sind Sammlungen von Kurzgeschichten (in der Länge von etwa einer halben Seite). Das laute Vorlesen dauert etwa fünf Minuten und so lange kann ein kleines Kind aufmerksam folgen. Für deutschsprachige Kinder, die im Ausland aufwachsen, empfehle ich Bücher aus der Reihe ‚Gute-Nacht-Geschichten' von verschiedenen Autoren und Verlagen.

Eine wichtige und bedeutende Rolle spielen für das Kind außerdem die Illustrationen eines Buches. Zeichnungen oder bunte Bilder regen die Fantasie an und erleichtern es dem Kind, den Inhalt leichter zu begreifen. Sehr oft wird auch in den Zeichnungen der Gegenstand der Geschichte symbolisch dargestellt. Falls das Kind ein Wort oder einen Begriff nicht kennt oder nicht versteht, kann der Vorlesende, statt es zu erklären oder in die starke Sprache zu übersetzen, den damit bezeichneten Gegenstand einfach auf dem Bild zeigen. Oft kommt es vor, dass das Kind beim nächsten Vorlesen der gleichen Geschichte spontan auf den Gegenstand zeigt, wenn es das früher erlernte Wort wieder hört.

Beim gemeinsamen Betrachten eines Bildes mit der Darstellung einer Situation sollen die Eltern den Kindern Fragen stellen, in denen der Wortschatz aus dem gelesenen Text wieder vorkommt. Man kann das Kind auffordern, einen Gegenstand oder eine Person aus der Erzählung zu finden und auf dem Bild zu zeigen. Das Kind wird spontan und richtig antworten, weil es sich an den Inhalt erinnert. Oft beginnt es auch selbst ein Spiel.

Die Kinder begeistern sich für jede Art von Gedichten. Ihre rhythmische Regelmäßigkeit und die Reime am Ende der Verse regen die Fantasie an. Das angeborene Rhythmusgefühl wird dem Kind helfen, sich den neuen Wortschatz besser und leichter einzuprägen. Der Reim bewirkt auch, dass die Kinder sich schneller die Reihenfolge der einzelnen Wörter merken und sie auf diese Art erlernen.

Kindern im Schulalter kann man schon längere und komplexere Erzählungen vorlesen, da in der Schule die Aufmerksamkeit geübt wird und sich die Kinder so nach und nach auf schwierigere Texte konzentrieren können. Ein Märchen von einigen Seiten Länge oder ein Kapitel aus einem umfangreicheren Buch sollten ihnen jetzt keine größeren Schwierigkeiten mehr bereiten.

Wenn ich meinen Kindern einen neuen Text vorlese, überlege ich oft, ob sie ihn vollständig verstehen und mit jedem Wort beziehungsweise jedem Begriff vertraut sind. Natürlich erraten sie viel. Ich weiß allerdings nicht, ob sie sich eine Abenddämmerung vorstellen können oder ob sie wissen, was sich hinter dem Ausdruck ‚etwas beiläufig hinzufügen' verbirgt.
Früher, als sie noch ganz klein waren, ließ ich beim Vorlesen einer neuen Geschichte manche meiner Meinung nach schwierige und komplizierte Wörter aus, beziehungsweise ich habe sie durch ein bekanntes Synonym ersetzt. Im Laufe der Zeit begriff ich jedoch, dass ich den Kindern durch das Vermeiden der in meinen Augen unbekannten Bezeichnungen keine Chance gebe, eine neue und reichere Ausdrucksweise kennen zu lernen. Jetzt frage ich sie beim Vorlesen, ob sie alles verstanden haben, oder warte ab, bis sie mich selber fragen.

Die Reisen in das Heimatland der Eltern

Am schnellsten lernen Kinder die Zweitsprache während der Aufenthalte bei den Verwandten im Herkunftsland der Eltern. Durch den engen und intensiven Kontakt mit der Familie und den Freunden werden sie mit der Umgebungssprache in ihrem gesamten Kontext konfrontiert. Sie werden viele neue Äußerungen und Sprüche hören, im Fernsehen oder in Kinderfilmen im Kino. Kleine Kinder haben eine rasche Auffassungsgabe und merken sich verschiedene und für die gesprochene Sprache typische Wendungen und Floskeln. Sie können sie später sehr zutreffend und für uns manches Mal überraschend anwenden.

Da sie der Sprache stets ausgesetzt sind und gezwungen sind, auf die von den Bekannten gestellten Fragen zu reagieren, fassen sie schnell Mut und formulieren selbstständig längere Aussagen. Ohne große Probleme knüpfen sie Kontakte mit der Verwandtschaft und den Gleichaltrigen auf dem Spielplatz.

Die Bekannten, Nachbarn und Verwandten sind meistens von den ‚ausländischen‘ Kindern begeistert. Sie sind von den anderen Gewohnheiten, vom Verhalten und der Ausdrucksweise beeindruckt. Sie schätzen es hoch ein, dass die Kinder sich mühelos und fließend in ihrer Zweitsprache verständigen und loben sie für die schöne und einwandfreie Aussprache. Ein solches Lob ist für die mehrsprachigen Kinder sehr wichtig, da sie somit in der Überzeugung gestärkt werden, dass sich ihre Mühe lohnt.

Als kleines Kind war ANJA *sehr oft krank, deshalb gingen wir während der Ferien in Polen mehrmals zum Arzt. Meine Tochter hatte nie Angst vor einer ärztlichen Untersuchung, da sie immer alles verstand, was der Arzt zu ihr sagte und ihr erklärte. Sie konnte korrekt auf seine Anweisungen reagieren und antwortete ohne Probleme auf gestellte Fragen über die Erkrankung. Am großartigsten war, dass niemand merkte, dass sie in einem anderen Land als in Polen aufwächst.*

Während der Ferien unterhalten sich zweisprachige Geschwister einige Tage lang in der bisher dominierenden Sprache. Und so sprechen in Großbritannien lebende Kinder in Deutschland eine Zeit lang miteinander Englisch. Sie haben aber kein Problem damit, sich während eines Spiels mit den einheimischen Kindern auf dem Spielplatz auf die deutsche Sprache umzustellen. Man könnte meinen, dass ihr Wortschatz eingeschränkt sei, dass sie die typisch kindhaften Wendungen nicht kennen oder dass sie nicht verstehen, was man zu ihnen sagt. Dies stimmt aber nicht. Weil sich die Eltern im Ausland ständig in ihrer Muttersprache an die Kinder wenden, ihnen Bücher vorlesen, da sie sich Kinderhörspiele anhören und Filme auf Video/DVD anschauen, können sie den benötigten Wortschatz aus dem Gedächtnis abrufen.

Die Aufenthalte im Heimatland sind für die Eltern die beste Belohnung für ihre schwere, mühsame und geduldige Arbeit. Sie können sich mit eigenen Ohren überzeugen wie gut, problemlos und ohne fremdartige Eigentümlichkeiten ihre Kinder sprechen und wie sie leicht Bekanntschaften und Freundschaften schließen können. Sie freuen sich, wenn sie merken, dass sich die Kinder in ihrer Heimat wohl fühlen, dass sie verstehen, was man zu ihnen auf der Straße sagt, wonach die Verkäuferin im Laden fragt und worum es in einem Film im Fernsehen geht. All dies stärkt die Eltern in ihrer Überzeugung: Erziehung in Zweisprachigkeit stellt einen großen Wert dar!

Die Förderung der schwachen Sprache im Ausland

Ich habe festgestellt, dass Kinder, die von Geburt an mit zwei Sprachen aufwachsen, einige Jahre brauchen, bis sie die schwache Sprache zuverlässig im Gedächtnis behalten. Etwa ab dem fünften Lebensjahr ist sie so gefestigt, dass die Kinder sie nicht mehr vergessen und sie dauerhaft anwenden können. Ab jetzt bekommen die Eltern die nächste Aufgabe, ja eigentlich Pflicht. Sie sollen sich vornehmen, den Kindern Lesen und Schreiben beizubringen, allein oder im Unterricht. Auch hier sollen die Eltern Geduld und Ausdauer zeigen, da es sich um eine schwierige, anstrengende und zeitaufwändige Herausforderung handelt.

Polnische Kinder in größeren deutschen Städten haben die Möglichkeit, am Schulunterricht bei polnischen Konsulaten oder Polnischen Katholischen Missionen – der so genannten Samstagsschule – teilzunehmen. Polnischunterricht mit Elementen der Geschichte und Erdkunde findet wöchentlich oder einmal in zwei Wochen samstags vormittags statt, dauert einige Stunden und wird von qualifizierten Lehrern durchgeführt. Am häufigsten sind es Polonisten oder Grundschulpädagogen.

In Deutschland haben die Kinder, die mit ihren Eltern auf Russisch, Türkisch oder Spanisch kommunizieren, die Möglichkeit, einen Unterricht in der Sprache der Eltern zu besuchen, den muttersprachlichen Ergänzungsunterricht oder die Spracharbeitsgemeinschaft.

Im Folgenden kann ich nur über die bayerische Variante berichten. Andere Bundesländer regeln aufgrund der Schulhoheit der Länder ihre Angebote anders. In Bayern wurde aufgrund bilateraler Verträge in der ‚Gastarbeiter-Ära‘ der muttersprachliche Ergänzungsunterricht (MEU) angeboten, um die Rückkehrfähigkeit zu erhalten, da man immer davon ausging, dass die ‚Gastarbeiter‘ wieder nach Hause zurückkehren. Daher ist der MEU nur in den Sprachen der damaligen ‚Entsendeländer‘ angeboten worden (Italienisch, Griechisch, Portugiesisch, Spanisch, Türkisch, Serbisch, Kroatisch, Albanisch und Arabisch). Alle anderen Länder waren in die damalige ‚Gastarbeitersituation‘ nicht einbezogen. Da inzwischen aber die Notwendigkeit des MEU aus Sicht der bayerischen Regierung nicht mehr gegeben ist, hat man ihn, wo immer möglich, abgeschafft, um die Mittel in die Sprachförderung der deutschen Sprache fließen zu lassen. Die Unterrichtung in den jeweiligen Muttersprachen hat man an die jeweiligen Konsulate übergeben. Falls diese wollen, können sie Sprachunterricht anbieten. In der Schule, in der ich arbeite, wird Türkisch und Kroatisch angeboten. Organisiert von den beiden Konsulaten stellt die Schule nur die Räume zur Verfügung. Die im Raum Regensburg vorhandenen weiteren Sprachen (Russisch, Polnisch, Vietnamesisch) werden als Arbeitsgemeinschaften angeboten. Früher gab es auch Chinesisch, aber es kam nie die erforderliche Anzahl von Anmeldungen zusammen, so dass keine Stunden mehr gehalten werden.

Auch für England kann ich Beispiele nennen. In Bristol existieren eine deutsche Spielgruppe und eine deutsche Samstagsschule. Die deutsche Spielgruppe bleibt auch weiterhin ein Kontaktpunkt mit anderen Deutschen, weil sie einen Sankt-Martins-Zug organisiert (untypisch für England) oder im Sommer ein Grillfest veranstaltet. Dort kann man Kontakte knüpfen und sich privat mit anderen Deutschen treffen. Die deutsche Spielgruppe in Bristol organisiert manchmal einen Büchertausch und die deutsche Schule versucht eine kleine deutsche Bücherei aufzubauen.

Es gibt viele Samstagsschulen in England und sogar eine Vereinigung Deutscher Samstagsschulen (URL: http://www.germansaturdayschools.co.uk/index_de.html; Abruf am 2. Mai 2010). Die Franzosen in Bristol sind noch weiter und haben eine Schule, bei der das Kind einen Tag in der Woche statt in die englische in die französische Schule geht. Für die Eltern gibt es moralische Unterstützung durch Internetgruppen (Interessengemeinschaft Deutschsprachiger im Ausland [IDA] URL: http://imausland.org/; Abruf am 2. Mai 2010).

Der Unterricht wird vom zuständigen Schulamt organisiert und aus dessen Budget bezahlt. Die häufigsten Sprachen sind Chinesisch, Russisch, Polnisch, Spanisch, Italienisch, Kroatisch und Arabisch. Die Kurse finden am Nachmittag – je nach Entscheidung der zuständigen Behörde meist einmal pro Woche – in den staatlichen Schulgebäuden statt.

In den beiden Schulformen lernen die Kinder in der ersten Grundschulklasse schrittweise das Alphabet mit den für die jeweilige Sprache spezifischen Lauten kennen. Sie suchen sie im

Text, markieren und üben sie durch vielfache Wiederholung. Sie finden die Laute und schreiben sie als Buchstaben nieder. Dann lernen sie, mit Verständnis zu lesen. Zusätzlich sammelt die Lehrerin mit den Kindern in jeder Unterrichtsstunde die mit dem besprochenen Thema oder mit einem neu erarbeiteten Buchstaben zusammenhängenden Wörter. Dann besprechen sie einen kurzen Text oder ein Gedicht, wobei unbekannte Wörter erklärt werden. Meist formulieren die Kinder Fragen zu dem zu verarbeitenden Text.

In höheren Schulklassen übt der Lehrer mit den Kindern systematisch die richtige Rechtschreibung und fördert die Verwendung korrekter grammatikalischer Formen. Sie fangen auch an, kurze Aufsätze zu schreiben.

Schwierigkeiten

Der muttersprachliche Ergänzungsunterricht trifft nicht immer auf die volle Akzeptanz seitens der Kinder. Wir sollten uns nichts vormachen: Kinder lernen nicht immer gern. Egal, welches Fach, unabhängig davon, ob das Lernen ihnen irgendwann intellektuelle, emotionale oder finanzielle Vorteile bringt: Kinder werden sich oft dagegen wehren. Die Eltern müssen helfen, Ausdauer und Regelmäßigkeit zu entwickeln, die im Leben eines Erwachsenen nötig sind.

Der Samstag ist ein arbeitsfreier Tag, an dem die Kinder nicht gerne zur Schule gehen. Sie wollen nicht lernen und haben auch keine Lust, ihre Freizeit für zusätzlichen Unterricht zu opfern.

Sehr oft findet der zusätzliche Sprachunterricht am Nachmittag nach dem regulären Schulunterricht statt. Aus diesem Grund erfordert die Teilnahme an dieser Stunde von den Kindern Energie und Ausdauer. Außerdem ist es für die Kinder ein Erschwernis, neue und unbekannte Sachverhalte in einer Sprache zu lernen, in der sie sich nicht immer mühelos ausdrücken können. Die Schüler müssen sehr viel Aufwand in Kauf nehmen, um schwere Begriffe zu verstehen und sich das komplizierte Vokabular zu merken. Die Krise kommt am häufigsten in der zweiten Hälfte der ersten Klasse. Etwa ab dieser Zeit wird der Lernstoff schwieriger und die Faszination für die komplizierte Schrift- und Lesesprache nimmt ab. Deshalb setzen sie sich oft zur Wehr und wollen auf eine weitere Teilnahme am Unterricht verzichten. In dieser Situation hängt viel von der Zusammenarbeit des Lehrers mit den Eltern ab sowie von der von den Eltern geleisteten Unterstützung.

Wie kann man das Kind motivieren?

Eine gute Methode wäre ein Punktesystem. Für die Teilnahme an einem zusätzlichen Unterricht erhält das Kind jedes Mal einen Punkt in Form eines Sterns oder eines anderen Symbols. Es sammelt die Bilder und klebt sie in ein kleines Heftchen oder auf zu diesem Zweck vorbereitete Blätter, die man an der Schranktür im Kinderzimmer anbringen kann. Die Symbole werden nur verteilt, wenn das Kind etwas geleistet hat. Punkte bekommt das Kind für ein zusätzliches Diktat oder das Vorlesen eines Gedichts bzw. einer kurzen Erzählung zu Hause. In Ausnahmefällen, wenn es besonders schwer ist, gibt es auch mal einen Punkt für die richtig gemachte Hausaufgabe in Polnisch, obwohl es eigentlich aus pädagogischer Sicht nicht vorteilhaft ist. Hausaufgaben, egal in welcher Sprache zu erledigen, ist eine Selbstverständlichkeit.

Haben die Kinder die vereinbarte Anzahl an Punkten angesammelt, beispielsweise zehn Stück, bekommen sie eine Belohnung in Form eines Geschenks. Die Kinder können ins Kino, Schwimmbad oder in eine Eisdiele eingeladen werden.

Eine andere Methode, die sich auch bewährt hat, ist eine Art Vereinbarung zwischen den Eltern und den Kindern. Als Belohnung für die Teilnahme am zusätzlichen Sprachunterricht können die Kinder während der Woche an anderen Aktivitäten teilnehmen, die oft zwar teurer, aber auch beliebter sind, wie Reiten, Musikunterricht oder Vereinssport.

Es ist sehr wichtig, dass man mit dem zusätzlichen Unterricht bereits in der ersten Klasse der Grundschule anfängt. Es ist zu empfehlen, weil alle Kinder, die eine Klasse bilden, meistens in demselben Alter sind. Dies bewirkt eine gute Atmosphäre, gibt den Kindern ein Sicherheitsgefühl und die Lernmotivation kann dadurch steigen.

Vorteilhaft ist es auch, wenn der Unterricht von Kindern unserer ,sprachlichen' Bekannten besucht wird. Die Kinder kennen sich schon seit langem, mögen sich und motivieren sich gegenseitig, weil sie zusammen die Zeit verbringen möchten. Es ist auch gut, wenn Nachbarskinder den Unterricht besuchen, dann können sie den Schulweg gemeinsam gehen und zusammen in einer Schulbank sitzen. So regen sich die Kinder gegenseitig zur Teilnahme am zusätzlichen Unterricht an.

Individueller Unterricht zu Hause

Eine Stunde Sprachunterricht pro Woche reicht nicht aus, um den vom Lehrer geplanten Stoff komplett zu beherrschen. Es wäre sehr gut, wenn sich das fremdsprachige Elternteil mit den Kindern während der Woche zusätzlich hinsetzen würde und den durchgenommenen Stoff wiederholt. Eltern, die ein bisschen Zeit und pädagogische Fähigkeiten besitzen, sollten einmal pro Woche mit den Kindern etwas Neues lesen oder ein paar Sätze schreiben. Am Anfang sollen es einfache, kurze und für die Kinder verständliche Texte sein, die später schrittweise schwieriger und vom Wortschatz her umfangreicher werden.

Eltern können den Kindern ein Diktat vorlesen, aber auch Kinder können Lehrer spielen und den Eltern etwas diktieren. So üben sie das Lesen, Verstehen und die eventuellen (auch absichtlichen) Fehler der Eltern zu korrigieren. Um das individuelle

Lernen zu Hause ein bisschen lockerer zu gestalten, kann man das Kind auf Video aufnehmen und so auf eine spielerische Weise das Vertrauen zu der geschriebenen Sprache schaffen. Kinder können einen TV-Moderator spielen und etwas laut vorlesen. Sie können auch selber Texte entwerfen. Taucht Unlust auf, kann man dem Kind zeigen, wie viel es bereits gelernt hat. So kann es sich selbst überzeugen, wie gut es in der zweiten Sprache schon geworden ist.

Man kann die Kinder dazu anregen, selbst Wunschkarten oder Bilder für die Großeltern oder Verwandten im Heimatland zu malen, sie zu unterschreiben oder zu beschriften. Es macht viel Spaß und motiviert auch sehr, wenn man etwas als Geschenk selbst bastelt.

Zum individuellen Lernen zu Hause oder auf Reisen sind auch Kinderzeitschriften sehr hilfreich. Sie beschreiben Themen, von denen die Kinder gerne lesen und die sie interessieren. Sie sind reich an bunten Fotografien und das Wichtigste ist: Sie beinhalten verschiedenartige Rätsel, Denksportaufgaben und sprachliche Spiele. Kinder mögen diese Zeitschriften, da dort das Lernen beiläufig, unauffällig und vor allem spielerisch abläuft. Sehr viel Spaß bereiten den Kindern verschiedenartige Lernsoftware oder interaktive Sprachenspiele im Internet.

Solch eine andere Art von Lernstoff ermöglicht den Kindern das Denken in der anderen – schwachen – Sprache, entwickelt und beeinflusst das Erfassen schwieriger Inhalte auf einer anderen sprachlichen Ebene.

Schwierigkeiten

Das gleichzeitige Erlernen zweier Schreibweisen in der ersten Klasse bereitet den Kindern keine besonderen Schwierigkeiten. Kinder, die sich ihrer Zweisprachigkeit bewusst sind, können schnell Buchstaben und Laute in beiden Sprachen identifizieren und sie wie gewünscht voneinander trennen.

Man soll sich keine allzu großen Sorgen machen, wenn die Kinder nach einer gewissen Zeit anfangen, die Regeln beider Sprachen zu verwechseln und zu vermischen; dies geht nach einiger Zeit vorbei. Die Schwierigkeiten treten auf verschiedene Art und Weise in Erscheinung.

Ich konnte beobachten, dass meine beiden Töchter beim Vorlesen von polnischen Texten dazu neigen, die ersten paar Wörter so zu lesen, als ob sie auf Deutsch wären. Zum Beispiel lesen sie die Buchstabenverbindung ,ie' als langes ,i', wie in dem Wort ,Wien', und nicht als ein ,i' gefolgt vom ,e', wie etwa im polnischen Wort ,wiem'. Das Wort ,Treppe' ,schody' (mit einem stimmlosen ,s' gefolgt von ,ch' wie im ,Hut') lesen sie als deutsches ,sch' wie im ,Schatz'. Erst nachdem ich sie darauf aufmerksam machte, dass sie auf Polnisch lesen sollen, überlegten sie kurz und lasen korrekt weiter.

In Deutschland lebende Kinder polnischer Migranten tendieren dazu, alle Substantive groß zu schreiben, da man es im Deutschen so schreibt. Manchmal übertragen sie das deutsche Prinzip, dass man zweistellige Zahlen – anders als im Polnischen – von hinten nach vorn liest. Bei 25 sagt man „fünf und zwanzig". Sie tendieren dazu, die ihnen weniger bekannten polnischen Wörter durch solche deutsche Wörter zu ersetzen, die ihnen zufälligerweise im Schriftbild etwas ähneln. Die polnische Präposition ,na' (auf) wird so als deutsches ,an' vorgelesen.

Wie in jeder Sprache schreiben auch die deutschen Erstklässler oft phonetisch (das heißt in der Lautschrift – so wie man es hört, so schreibt man) und haben dadurch viele Probleme mit dem Erlernen der richtigen Schreibweise. Die Geduld der Lehrer, Eltern und der Kinder und eine systematische Fehlerkorrektur bringen jedoch positive Resultate.

Die Großeltern

Die Großeltern und die nahen Familienangehörigen, die im Herkunftsland verblieben sind, spielen eine sehr große Rolle im Prozess der Erziehung ihrer Enkelkinder in der Landessprache und Landeskultur. Sie können den Eltern am besten helfen, ihren Kindern außerhalb des Herkunftslandes typische und von der Gesellschaft geschätzte Werte nahe zu bringen.

In den Augen kleiner und heranwachsender Kinder genießen die Senioren oft großes Ansehen. Sie sind ruhig und können den Enkelkindern viel Zeit und Aufmerksamkeit widmen. Durch die Kontakte mit den Großeltern lernen die Kinder, wie es ist, mit älteren Menschen die Zeit zu verbringen. Sie lernen, dass man ihnen Achtung und Anerkennung schenken soll. Sie lernen, ihnen zu helfen und zu folgen, aber vor allem bekommen sie von ihnen Liebe und zeigen ihrerseits Gefühle und Aufmerksamkeit. Die Enkelkinder können sich mit Vorliebe und Aufmerksamkeit Familiengeschichten anhören, die ihnen helfen, sich die Welt ihrer Vorfahren bildhafter vorzustellen. In ihrem Geiste entsteht so die Empfindung von Kontinuität und Zugehörigkeit. Gerade deshalb sind die Besuche der Enkel in der Heimat ihrer Eltern so wichtig.

Die meisten Großeltern, auch wenn sie noch berufstätig sind, möchten sich nützlich fühlen, möchten bei der Erziehung behilflich sein und zur Bildung der Enkelkinder beitragen, weil die Kleinen ihre Lieblinge sind. Die Großeltern sehnen sich nach wichtigen Aufgaben, die sie verrichten könnten. Eine Herausforderung für die Großeltern, deren Enkelkinder im Ausland leben, ist ihre Unterstützung beim Erwerb der Heimatsprache, ihre Pflege und Berichtigung sowie die Pflege von Beziehungen und der Entfaltung der Freundschaft zwischen den Generationen.

Wer sind Oma und Opa für die Kinder?

„Mit der Oma kann man Plätzchen backen, auch um zehn Uhr abends." | *„Opa macht immer Schokopudding und bäckt für mich Streuselkuchen."*

Eines Tages fragte ich meine kleinere siebenjährige Tochter: „Wozu braucht man eine Oma?" und sie antwortete sofort ohne zu zögern: „Die Oma ist zum Lieben da". Es ist die schönste und die zutreffendste Definition einer Großmutter, die man sich überhaupt vorstellen kann. Diese Feststellung verpflichtet also die Großeltern, die ihnen zukommende Rolle gegenüber den im Ausland lebenden Enkelkindern liebevoll zu erfüllen. Es ist ihre Aufgabe, bewusst und intensiv eine Beziehung zu den Enkelkindern aufzubauen und zu stärken, für sie Interesse zu zeigen, Lebensweisheiten zu vermitteln und ihnen Zeit zu widmen.

Während der meist seltenen Besuche bei den Großeltern im Heimatland sollen die Kinder nicht sich selbst überlassen bleiben, indem sie vor den Fernseher oder Computer gesetzt oder auf den Spielplatz geschickt werden. Sie sollen eher in das Leben der Erwachsenen eingegliedert werden und an ihren Tätigkeiten im Haushalt teilhaben. Gegenseitiges Beobachten macht es möglich, dass beide Seiten die jeweiligen Interessen des Anderen entdecken und näher kennen lernen.

Dem Opa kann man Geheimnisse anvertrauen, die die Mama nicht erfahren soll, weil „der Opa sie ja nicht ausplappern wird". Und die Oma kann man für einen Augenblick nur für sich alleine haben, ganz ausschließlich, denn „die Mama hat es immer eilig".

Die Pflicht der Oma ist es nicht, die Kinder zu erziehen sondern, sie mitzuerziehen, das heißt, den Eltern bei der großen Aufgabe zu helfen. Die Oma hat ihren Anteil am Gefühlsleben ihrer Enkelkinder, dies macht ihr Leben glücklicher und freudiger. Sie nimmt sie oft mit auf den Spielplatz und geht mit ihnen im Park spazieren, wobei sie in einer bunten, dem Alter des Kindes angepassten Sprache erzählt, was alles um sie herum passiert. Für ein kleines Kind ist dieser Kontakt nur dann vom Nutzen, wenn es verbal versteht, was Oma und Opa ihm zeigen und erzählen.

Unter meinen Bekannten lebte eine Großmutter, deren Enkelkinder in Frankreich aufwuchsen und noch nicht gut genug Polnisch sprachen, um es während der Ferien in Polen ohne weiteres anwenden zu können. Sie kannten viele Wendungen der Alltagssprache nicht, verstanden nicht alles, was die Erwachsenen zu ihnen sagten. Aus diesem Grund funktionieren viele Pläne und Ideen zu gemeinsamen Unternehmungen nicht. Es wurde alles kompliziert. Einmal wussten die Enkelkinder nicht, wie sie reagieren sollten, als die Oma ihnen anbot, gemeinsam Eis essen zu gehen. Sie sagte spontan: „Kommt, meine Lieben, wir gehen in eine Eisdiele. Ich spendiere jedem von euch eine Kugel Eis. Welchen Geschmack mögt ihr denn: Erdbeere, Pfirsich-Joghurt oder Vanille?" Die Kinder verstanden nicht, was eine Eisdiele ist, das Wort ‚spendieren' kannten sie auch nicht und mit den verschiedenen Geschmacksrichtungen hatten sie auch Probleme.

Am Kindertag (der in Polen am 1. Juni gefeiert wird) unternimmt der Opa gern etwas mit den Kindern. Dies hat aber nur einen Sinn, wenn sie die Dialoge und die gesamte Handlung auch verstehen können. Er kann auch einmal mit dem Enkelkind in den Keller gehen und ihm zeigen, wie eine Kreissäge funktioniert, wenn das Kind Interesse daran zeigt und in der Lage ist, detaillierte und verständige Fragen zu stellen, bzw. auch auf ihn hört, wenn es gefährlich werden kann. Die Bedingung für eine gute Unterhaltung zwischen den Mitgliedern einer Familie ist die Fähigkeit, einander zuzuhören.

In den folgenden Unterabschnitten gehe ich auf verschiedene Aspekte der Rolle der Großeltern bei der Erziehung ein.

Welche Rolle spielen die Großeltern bei den Auswanderern?
„Der Oma kann ich meine Geheimnisse anvertrauen. Der Mama auch, aber sie könnte dann verärgert sein und würde schimpfen und die Oma nicht."
Manche Ehepaare verlassen ihr Herkunftsland noch kinderlos und ihre Familie vergrößert sich erst im Ausland. Kinder kommen im neuen Land zur Welt, wo sie aufwachsen und ausgebildet werden. Die Sprache der Eltern lernen sie fast ausschließlich von ihnen. Dank der Reisen ins Land der Eltern können die Kinder all dies sprachlich nutzen, was sie gelernt haben. Sie können sich vergewissern, ob sie die Elternsprache gut genug beherrschen, um von der Umgebung verstanden zu werden, und ob sie ohne größere Probleme das bekommen, worum sie bitten.

Andere Auswanderer ziehen in ein fremdes Land zusammen mit ihren älteren Kindern, die in ihrem Herkunftsland bereits eine Erziehungs- und Bildungseinrichtung besuchten. Ihre Sprache ist also schon gefestigt. Die Kinder verständigen sich ohne Probleme, haben bestimmte Kenntnisse im Bereich der Sprache, Mathematik und des Sachunterrichts und können ihrem intellektuellen Niveau entsprechende Texte fließend vorlesen.

In beiden Fällen erleben die Familien Schwierigkeiten, die mit der Anpassung an die neue Umgebung verbunden sind, vor allem deshalb, weil sie auf sich selbst gestellt sind. Sie ließen ihre Verwandten und Bekannten in der Heimat zurück und sind gezwungen, im neuen Land neue Bekanntschaften und Freundschaften zu schließen.

Auswanderer, die für eine bestimmte Dauer ins Ausland fahren, wegen eines mehrjährigen beruflich bedingten Vertrags oder eines Hochschulstipendiums, wissen, dass sie nach dieser

Zeit wieder in ihr Land zurückkehren und ihre Kinder dort weiterhin in die Schule gehen werden. Aus diesem Grund übernehmen die Eltern die volle Verantwortung für die Aufrechterhaltung und Förderung der Muttersprache bei ihren Kindern. Diese Aufgabe nehmen sie sich sehr zu Herzen. Sie pflegen sie intensiv und fördern ihre weitere Entwicklung. Zu Hause reden sie nur in der Muttersprache, haben Satellitenfernsehen, wodurch sie Sendungen in der für sie verständlichsten Sprache empfangen und abonnieren Zeitungen aus ihrer Heimat. Vor allem aber fahren sie regelmäßig in die Heimat, um Verwandte und Freunde zu besuchen.

In diesen Familien übernehmen die Großeltern oft die Rolle der Kinderbetreuer. In den Schulferien nehmen sie gerne die Kinder bei sich auf, während die Eltern im Ausland bleiben. Die Kinder genießen diese Kontakte, weil sie sich wieder wie früher – in der Zeit vor der Auswanderung – fühlen können. Sie besuchen ihre Schulfreunde oder Nachbarskinder und erhalten so alte Freundschaften und Bekanntschaften aufrecht. Die Kinder akzeptieren die Großeltern, weil sie wissen, dass sie bei ihnen nur für eine kurze, bestimmte Zeit sind und ihre Anwesenheit möglichst auskosten möchten.

Eine andere Gruppe besteht aus den Familien, die sich entschieden haben, ihr Heimatland für immer zu verlassen, oft aus ökonomischen Gründen. Eigentlich sind sie zwar ausgewandert, aber ihre Seele ist im Heimatland geblieben. Diese Auswanderer kommen sehr häufig zu Besuch. Jeder arbeitsfreie Tag, jeder nationale oder kirchliche Feiertag in dem fremden Land, jedes längere Wochenende wird als ‚Fluchtgelegenheit' genutzt. Diese Familien besuchen ihre Heimat, da sie unter starkem Heimweh leiden. Sie vermissen die Familie, die geliebte Stadt, die ihnen aus ihrer Kindheit bekannten Speisen und die

Atmosphäre ihres Zuhauses. Auch die Großeltern sehnen sich nach der Anwesenheit ihrer Familienmitglieder, deshalb suchen sie nach Möglichkeiten, sie so oft wie möglich zu besuchen. Im Pensionsalter bleiben sie vielleicht sogar einige Wochen oder gar Monate. Sie wollen dann nicht mehr als Gast gesehen werden, sondern übernehmen die Rolle eines Familienmitglieds, helfen im Haushalt und bei der Kindererziehung.

Andere Großeltern kommen nur sporadisch und ihre Besuche sind mit Familienfesten wie Geburtstagen oder religiösen Feiern wie Weihnachten oder Taufe verbunden. Obwohl die Besuche sehr kurz sind, werden sie mit einer besonderen Intensität erlebt. Nach einigen Tagen fühlen sich die Opas und die Omas nicht mehr als Besucher, sie gehören dazu. Sie bereiten Speisen vor, räumen den Tisch ab und helfen überall mit.

In diesen Auswandererfamilien bekommen die Großeltern eine sehr wichtige Aufgabe: nämlich das Pflegen der zweiten Sprache bei den Kindern. Da sie viel Zeit mit den Enkelkindern verbringen, übernehmen sie zum Teil die Verantwortung für ihren Spracherwerb, bringen ihnen das Lesen und Schreiben sowie die Grammatikregeln bei. Außerdem überliefern sie ihnen Traditionen, kochen typische Nationalgerichte und backen Kuchen, bringen ihnen bei, wie man bei Familienfesten bewirtet und große Feiern veranstaltet. Sie spielen mit ihnen Bewegungsspiele, bringen ihnen Aufzählreime, Lieder und Gebete bei. Die Kinder nehmen diese Neuigkeiten auf und machen sie sich zu eigen. Oft bringen die Großeltern für ihr Land typische Kleidungsstücke oder charakteristische regionale Trachten mit. Die Kinder sind stolz darauf, dass sie etwas Exotisches, Fremdländisches, Anderes besitzen als ihre hiesigen Gleichaltrigen, das aber demnach zu ihnen gehört.

Die Großeltern sind sich dessen bewusst, dass sie sehr wichtige Lehrer für ihre Enkelkinder sind und auch dass von ihnen die sprachliche Zukunft der Kinder mit abhängt.

Welche Rolle spielen die Großeltern in den Familien der Spätaussiedler?

Diese speziellen Auswanderer verlassen ihr Herkunftsland meist mit mehreren Familienangehörigen. Wenn ein Teil der Familie früher ausgereist ist und sich irgendwo angesiedelt hat, kommen die anderen Mitglieder in den gleichen Wohnort nach. Sie bleiben im selben Personenkreis, mit dem sie im Herkunftsland lebten. Das fördert eine schnellere Anpassung an die neue Umgebung und diese Menschen empfinden Heimweh schwächer. Unter den Freunden, geliebten Menschen, fühlen sie sich stärker, helfen sich gegenseitig und unterstützen sich emotional. Gemeinsam bekämpfen sie die Probleme und Schwierigkeiten, die das Leben in einem neuen Land mit sich bringt.

Die Spätaussiedler vermissen das Land ihrer Geburt nicht so sehr, da sie einen Teil von ihm mitgenommen haben – eben die Familie. Alle Zugereisten verständigen sich in der selben Sprache, verstehen sich gut, und ihre Kinder wachsen im ähnlichen Familien- und Sprachklima auf wie vor der Auswanderung. Dies ist aber nicht immer der Fall. Manchmal sind die Großeltern vor zwanzig oder dreißig Jahren ausgereist. Im Laufe der Jahre erlebte ihre Muttersprache sehr viele Veränderungen. Sehr oft ist es für sie leichter, bequemer und ungezwungener in der Umgebungssprache zu kommunizieren.

In diesen Familien bekommen die älteren Menschen eine andere Aufgabe zugesprochen. Ihre Rolle besteht darin, sich hauptsächlich um die Enkelkinder zu kümmern, während die Eltern zur Arbeit gehen. Da sie am gleichen Ort wohnen, können sie ohne weiteres die Kinder vom Kindergarten oder von der Schule abholen. Sie passen auf sie auf, essen mit ihnen, helfen bei den Hausaufgaben, planen und verbringen mit ihnen die Freizeit. Es sind oft die Großeltern, die für die Enkelkinder die Ferien organisieren und sie in die Berge oder an die See mitnehmen. In diesen Familien spielen sie nicht die Hauptsprachlehrer. Hier sind sie Betreuer und Bezugspersonen, an die man sich wenden kann, wenn es um Hilfe, Zuhören, Verständnis oder eine Umarmung geht.

Diese Großeltern achten nicht all zu sehr darauf, wie sie mit den Enkelkindern kommunizieren. Meist sprechen sie in der Muttersprache, aber nicht immer. Sie kümmern sich nicht um die Trennung von Muttersprache und Umgebungssprache. Oft vermischen sie sie, weil sie nicht an die Konsequenzen denken. Sie verwenden die eine und die andere Sprache, je nachdem, wie schnell sie etwas mitteilen wollen, und wer sonst dabei ist oder je nach eigener Stimmung.

Welche Rolle spielen die Großeltern in den sprachlich gemischten Familien?

„Die Oma passt auf die Kinder auf, wenn die Eltern ins Kino gehen." | „Der Opa erklärt mir Mathe und übt mit mir zusätzliche Aufgaben."

Menschen, die ihr Heimatland verlassen, weil sie eine Ehe mit einer Person anderer Herkunft schließen, trifft dieser Umzug hart. Die Ausreise, die Trennung vom Rest der Familie, das Packen der wichtigsten Sachen machen alles noch schlimmer. Doch die Liebe und das Vertrauen zum fremdsprachigen Ehepartner sind so stark, dass sie in den ersten Monaten die Traurigkeit und das Heimweh etwas abmildern. Die schwierigsten Momente erleben diese Menschen in der Regel während der Feiertage, die bisher mit einer Zusammenkunft der engen Familie verbunden waren. An diese Treffen erinnern sie sich sehr intensiv und dies verschlimmert die Stimmung.

Eheleute in sprachlich gemischten Familien schätzen den engen emotionalen Kontakt zu den nächsten Verwandten mehr als alle anderen Menschen. Sie schöpfen aus ihm Kraft und positive Energie für das Leben im Ausland. Aus diesem Grund wird den Großeltern eine wichtige und bedeutende Rolle zugeschrieben.

In zweisprachigen Familien sind die Großeltern neben dem muttersprachlichen Elternteil die wichtigsten Vermittler und Erzieher der schwachen Sprache. Sie sind diejenigen, für die man als Kind so fleißig die Muttersprache der Eltern lernt: um sie besuchen zu können, mit ihnen die Ferien zu verbringen und um sie zu vermissen. Großeltern sind diejenigen, für die die kleinen Kinder Bilder malen und im Kindergarten Glückwunschkarten anfertigen; für die sie Lieder und Gedichte aus der Heimat auswendig lernen. Sie sind diejenigen, über die man sich ständig unterhält, die man in den Ferien besucht, die man anruft und an denen man hängt. Ohne sie wäre das Leben monoton und langweilig. Die Großeltern bilden einen Teil der Identität der Enkelkinder, sie sind ein Teil des Gefühls vom kulturellen und sprachlichen Anderssein.

Großeltern und ‚dziadkowie'

Kinder aus sprachlich gemischten Familien, deutsch-polnischen, haben gleichsam zwei verschiedene Omas und zwei verschiedene Opas. Verschieden, weil man sie anders anspricht: zu der polnischen Oma sagt man „babciu", zu der deutschen „Oma", der polnische Opa wird mit „dziadku" angesprochen, der deutsche mit „Opa". Beide muss man anders ansprechen, weil sie aus zwei unterschiedlichen Ländern kommen und woanders leben.

Im Alter von zwei Jahren schaute Anja *überaus gern ihre Kinderfotos an. Sie holte das Fotoalbum selbst aus dem Schrank, setzte sich auf den Boden und blätterte es mit großem Interesse durch. Da sie fast alle Personen auf den Bildern kannte, freute sie sich jedes Mal sehr, sie erkannt zu haben. Während des Anschauens führte meine Tochter Selbstgespräche und erzählte laut, wen und was sie auf den Bildern sah.*
Es war sehr interessant zu beobachten, dass Anja, *wenn sie*

auf einem Foto die polnische Großmutter sah, alles auf Polnisch erzählte und in ihrem Monolog ins Deutsche wechselte, wenn auf dem Bild jemand aus der deutschen Familie meines Mannes zu sehen war. Schon damals, als kleines Kind, war sie sich ihrer Zweisprachigkeit bewusst und der Notwendigkeit eine bestimmte Sprache zu verwenden, je nachdem, wer sie zu einer Äußerung inspirierte.

In den binationalen Familien leben die Großeltern eines Elternteiles in einem anderen Kulturkreis als die hiesigen Großeltern, deswegen haben beide Seiten unterschiedliche Gewohnheiten. Ihre Denkweise und Reaktionen auf das Umfeld sind verschiedenartig. Folglich ist auch ihr Umgang mit den Enkelkindern unterschiedlich, ihre Art, wie sie sich um sie kümmern, sich um sie sorgen, sie pflegen und mit ihnen zusammen spielen.

Die zweisprachigen Enkelkinder sind von dieser Situation begeistert, da sie gleichzeitig zwei Welten und zwei Wirklichkeiten erfahren. Die einen Großeltern wohnen in der Nähe, man kann sie immer besuchen und mit ihnen öfter zusammen sein. Die anderen, die ‚ausländischen‘, sind weit weg und man sieht sie nur manchmal. Deshalb sind die beiden Seiten, die Enkelkinder so wie die Großeltern darum bemüht, einen möglichst intensiven Kontakt miteinander herzustellen, sie rufen sich öfters an und schreiben Briefe.

Die Großeltern verstehen diese Probleme und kommen so oft zu Besuch, wie sie nur können. Sie beschäftigen sich dann mit den Kindern und verbringen viel Zeit mit ihnen, wobei sie ihnen kulturelle, religiöse und sprachliche Werte ihres eigenen Landes vermitteln. Sie erzählen von seiner Geschichte, von den interessanten Städten und Regionen. Die Kinder nehmen diese Informationen auf und vergleichen sie mit dem Leben in dem Land, in dem sie selber aufwachsen. Auch sie teilen ihr Wissen mit den Großeltern. Weil Oma und Opa mit ihnen nur in ihrer

Heimatsprache sprechen, sind die Kinder dazu gezwungen, sie auch nur so anzusprechen. Dadurch üben sie ihre Aussprache, lernen neue Wörter, interessante Ausdrücke und Wendungen kennen. Sie hören ständig die lebendige Sprache, lernen sie und können sie gleich in Gesprächen und während des Spiels mit den Großeltern anwenden.

Die Besuche der Großeltern beeinflussen das emotionale Leben der Kinder nicht nur so lange diese da sind, sondern tragen auch in den darauf folgenden Wochen Früchte, manchmal sogar nach Monaten. Diese Kinder erzählen ihren Eltern und Spielkameraden von den Großeltern, spielen mit den Spielsachen, die sie von ihnen bekommen haben, sehen die gemeinsam gemachten Fotos noch einmal an. Die Trennung von den Großeltern und die ungeduldig gezählten Wochen bis zum nächsten Wiedersehen sind für die Kleinen sehr schwer zu ertragen.

Welche Rolle spielen die Großeltern während des Besuchs der Enkelkinder in ihrem Land?

„Der Opa lässt uns über einen Zaun klettern und den Film bis zum Ende anschauen. Und die Mama macht den Fernseher immer aus, wenn es spät geworden ist." | *„An Silvester schauten wir mit der Oma Feuerwerk an und feierten zusammen. Mama und Papa waren auf einer Party."*

Um sich mit ihren Enkelkindern anfreunden zu können, müssen die Großeltern möglichst oft und möglichst lange mit ihnen zusammen sein. Ein kurzer Anruf, in dem man sich nach der Gesundheit und den Schulnoten erkundigt, ist nicht genug. Deshalb ist es eine überaus wichtige Aufgabe der Großeltern, die Enkelkinder so oft wie es geht, zu sich einzuladen und zu einem Besuch anzuregen. Als Gäste können sie andere Kinder aus der Nachbarschaft der Großeltern kennen lernen und mit ihnen erste Freundschaften schließen. Die ersten Schritte sind meistens am schwierigsten. Nach einer Weile werden die

Neuangekommenen jedoch oft zu den Lieblingskumpanen des ganzen Spielhofs. Sie sind den Kindern aus der Siedlung unbekannt und dadurch sehr attraktiv. Manchmal sehen sie ein bisschen anders aus, sprechen eine andere fremde Sprache, verhalten sich und reagieren für den Rest des Hofes ungewohnt, ihre Spielregeln sind oft unbekannt. Kleine Kinder mögen alles, was ihnen neu, exotisch und selten vorkommt. Deshalb finden die Ankömmlinge aus einem anderen Land immer fröhliche Spielkameraden, bei denen sie ihre Zweitsprache ständig anwenden können.

Die Kinder, die im Ausland wohnen, wachsen oft mit einer anderen Wertehierarchie auf, als die einheimischen. In der deutschen Schule spielen Selbstständigkeit, Selbstbewusstsein und Durchsetzungsvermögen eine größere Rolle, während der Familienzusammenhalt weniger geschätzt wird. Deshalb sollen sich Oma und Opa als Ziel vornehmen, den Enkelkindern möglichst viele Botschaften, Aufklärungen und Lebensweisheiten zu vermitteln. Sie sollen die enge emotionale Beziehung zu den Enkelkindern pflegen und danach streben, sie möglichst gut kennen zu lernen sowie zu guten Freunden zu werden.

Bei sich zu Hause können Oma und Opa den Kindern mehr Zeit widmen, als wenn sie selbst zu Besuch ins Ausland kommen. Zu Hause in ihrem Land fühlen sie sich frei und ungezwungen. Sie kennen jede Ecke in der Stadt, haben viele Bekannte und Freunde. Eben diesen erzählen sie von den Enkelkindern, geben mit ihnen vielleicht sogar an und sind stolz auf sie. Die Nachbarn freuen sich, wenn die Kinder da sind, wenn sie sie sehen und herausfinden können, ob sie den Eltern ähneln. Die Kinder spüren, dass das Haus der ausländischen Großeltern anders eingerichtet ist und funktioniert, als das Zuhause der Eltern. Hier ist alles geheimnisvoll und ausgefüllt mit unbekannten Gegenständen, Symbolen und Düften. Die Wände sind anders gestrichen, die Möbel aus einer anderen Epoche, das Essen schmeckt anders.

Als erwachsene Frau denke ich sehr warm und herzlich an meine Oma mütterlicherseits zurück, die in einer anderen Stadt wohnte als wir. Unsere ganze Familie vermisste sie sehr, deshalb besuchten wir sie ziemlich oft, obwohl uns die achtstündige Zugreise wie eine Ewigkeit vorkam. Es hat uns nicht gestört, Hauptsache, wir konnten bald die Großmutter sehen und umarmen. Oma MARGARETHE hatte in der Küche einen Zauberschrank. Es war eine sehr alte kirschfarbene Holzkommode, die nach Geschichte roch. Für jedes Familienmitglied barg sie irgendwelche köstlichen Leckereien, obwohl man in den 1980er Jahren nicht viele Lebensmittel in den polnischen Geschäften finden konnte. Diese Delikatessen kaufte meine Oma in einem Devisenshop. Mein ältester Cousin fand in dem Zauberschrank immer einen aromatischen Kaffee, den er überaus gerne mit der Oma auf dem Balkon trank. Auf meine Cousine wartete eine weiße Schokolade mit Nüssen und Nugat, mein Bruder naschte Nutella und ich suchte mir Sahne-Karamell-Kaubonbons aus. Nach einer langen Zugreise kamen wir meistens bei der Oma am späten Abend an, aber bevor meine Geschwister und ich ins Bett gingen, lief jeder von uns in die Küche, um zu sehen, ob der Schrank noch vorhanden ist und ob er wie immer voll geladen ist. Wir wurden nie enttäuscht. Es ist mein Traum, auch für meine Enkelkinder einen solchen Zauberschrank einzurichten.

Während sich die Enkelkinder über eine längere Zeit bei den Großeltern aufhalten, nehmen sie wie selbstverständlich am Familienleben teil, wobei sie auch viel lernen. Dank der Großmutter lernen sie den ‚erwachsenen' Bekannten- und Freundeskreis kennen. Sie beobachten ihre Reaktionen auf diverse Dinge, wodurch ihnen ihre Denkweise vertraut wird.

Frau LEOKADIA, eine nahe Freundin meiner Mutter, freut sich jedes Mal sehr, wenn ich sie bei unseren Aufenthalten in Polen mit meinen Töchtern besuche. Sie hat ein Haus, einen großen Garten mit Blumen und Gemüse sowie einen Hund, mit dem die Kinder immer spazieren gehen dürfen. Meine Töchter hören gerne und mit großem Interesse zu, wenn Frau LEOKADIA im feinen Polnisch über die Erlebnisse ihrer in Australien lebenden Enkelkinder erzählt. Immer wieder zeigt sie ihnen neue Fotos und erzählt neue Geschichten. Am wichtigsten ist es aber, dass Frau LEOKADIA den Kindern ihre Achtung zeigt, deshalb schenken sie ihr viel Respekt und Zuneigung.

Oma und Opa zeigen ihren Enkelkindern nicht nur die andere Welt, sie loben sie auch für die bisherigen Schulleistungen. Sie freuen sich über ihre Interessen und Fortschritte im Spracherwerb. Sie unterstützen ihre Sprachkenntnisse und ihre sprachliche Gewandtheit, indem sie ihnen Zeitschriften mit Bild- und Kreuzworträtseln kaufen, oder sie zu Ausstellungen und auf Kinderfeste in die Stadt mitnehmen. Oma und Opa schenken den Kindern ein Selbstwertgefühl, indem sie ihre intellektuelle Entwicklung unterstützen.

Welche besondere Rolle spielen die Großeltern während ihrer Besuche bei der Familie im Ausland?
„Oma hilft Mama im Haushalt."
Es ist eine wichtige Aufgabe der Großeltern, die Familie im Ausland oft zu besuchen. Die Kinder sehnen sich nach dem Kontakt mit älteren Menschen, die das Leben anders sehen, andere Erfahrungen haben und diese gerne weitergeben.
Großeltern, die zu Besuch ins Ausland kommen, haben einen erschwerten Start. Sie müssen sich auch ein bisschen umstellen, an die unbekannte Lebensart gewöhnen, sich den Bedingungen und Anforderungen des dortigen Hauses anpassen. Hier ist der

Kontakt der Kinder zu den Großeltern je nach Alter der Kinder anders. Je älter die Enkelkinder sind, desto mehr Zeit brauchen sie, um eine neue Person im Haus zu akzeptieren, sich an sie zu gewöhnen und anzufangen, sie als einen Mitbewohner zu betrachten. Deshalb sollen die Großeltern über eine längere Zeit zu Besuch bleiben und nicht nur übers Wochenende vorbeikommen.

Der Wert der Großeltern wird erst nach einigen Tagen sichtbar. Dann finden sie bei den Kindern volle Akzeptanz und sie widmen ihnen mehr Aufmerksamkeit. Oma oder Opa bringen sie in den Kindergarten oder holen sie von der Schule ab. Sie haben jetzt genug Zeit, um den Kindern Märchen vorzulesen und über vergangene Ereignisse zu erzählen. Sie nehmen dabei die Kinder in eine ferne Welt mit, die sie aus ihrer Kindheit kennen. Sie bringen originelle Geschenke mit, die man in den örtlichen Geschäften nicht kaufen kann. Sie machen leckere Desserts oder backen Plätzchen, allein oder mit den Kindern zusammen. Die Kinder lieben diese Augenblicke, da sie jemanden nur für sich haben, jemanden, der ihnen zuhört und viel Aufmerksamkeit widmet. Die Großeltern interessieren sich für die Entwicklung der Kinder, und all dies ist förderlich für den Spracherwerb. Die Kinder lernen pausenlos, indem sie ihre Welt kennen lernen, die sie später vermissen werden. Dann machen sie sich mit großer Freude auf den Weg zu ihnen nach Hause, um diese gemeinsamen Momente noch einmal zu erleben.

9 Schwierigkeiten

Das Kind beginnt später zu sprechen

Jedes weltoffene, gesunde Kind, das in einer Familie aufwächst, in der Freundlichkeit und Verständnis herrschen, lernt
früher oder später die Muttersprache der Eltern oder die Muttersprachen beider Elternteile. Diesen langen und wichtigen
Lernprozess kann man nicht beschleunigen, man kann ihn nur
fördern und unterstützen. Vieles hängt von der Menge der Zeit
ab, die man dem Kind widmet. Wichtig sind auch die Intensität
der sprachlichen Kontakte und die Art und Weise, wie die Sprache von den Erwachsenen übermittelt wird.

Die Sprachentwicklung bei Jungen verläuft anders als bei
Mädchen. Das Sprechen fängt bei ihnen oft etwas später an,
was aber nicht die Regel ist. Die Jungen verweigern auch öfter die Sprache, die für sie schwieriger erlernbar scheint. Diese
Beobachtungen sind jedoch von keiner wissenschaftlichen For-
schung bestätigt.

Wenn die Eltern merken, dass sich das Sprechen ihres Kindes
verzögert entwickelt, wenn ihnen Sprachstörungen wie Stot-
tern, Lispeln oder Näseln auffallen, müssen sie einen Logopäden
aufsuchen und sich beraten lassen. Nur ein Facharzt kann die
kindliche Sprachentwicklung richtig einleiten und unterstützen. Nicht jedem Kinderarzt fallen solche verspäteten oder für
die Mutter beunruhigenden sprachlichen Fehler auf. Hier müssen die Eltern Acht geben. Die sprachliche Entwicklung eines
Kindes hängt außerdem von Persönlichkeit und Temperament
ab, was sich aber erst nach und nach herausbildet. Deshalb ist
nicht gleich feststellbar, zu welchem Menschen sich das Kind
entwickeln wird. Der Spracherwerb des Kindes lässt sich auch
nicht beschleunigen, er kann nur gefördert werden.

Das Kind antwortet in einer anderen Sprache, als erwartet wird

In solchen Situationen ist es vernünftig, obwohl für die Eltern oft sehr schwierig, gar nicht auf die Aussage des Kindes zu reagieren. Es hilft noch einmal nachzufragen, was das Kind gerade erzählte, um ihm damit ein Zeichen zu geben, dass es nicht in einer ‚fremden‘ Sprache kommunizieren soll. Man kann in der ‚richtigen‘ Sprache fragen: „Entschuldigung, was hast du gerade gesagt? Ich habe dich nicht verstanden. Wie hast du es gemeint?“ Durch dieses Handeln entwickeln wir bei dem Kind eine Sprachsensibilität, durch die es merkt, dass es seine Aussage in der nicht erwünschten Sprache formuliert hat. Die Kinder lernen schnell und brauchen nur Zeichen, kleine Erinnerungen, damit sie begreifen, was sie falsch gemacht haben.

Wenn das Kind bei der Kommunikation mit den Eltern die Umgebungssprache und nicht die Muttersprache verwendet, ist es gut eine kurze Weile abzuwarten, bis die Äußerung beendet ist, und geduldig und konsequent jedes Wort in die ‚richtige‘ Sprache zu übersetzen. Zum Schluss können wir das Kind bitten, die ganze Aussage in unserer Sprache zu wiederholen. Nur auf diese Art und Weise bleiben die von den Eltern geforderten Strukturen im Gedächtnis des Kindes. Dies ist eine Angelegenheit, die Geduld erfordert, sich aber sehr gut bewährt hat.

Das Kind vermischt beide Sprachen miteinander

Die häufigste Ursache der Sprachvermischung durch die Kinder ist die Tatsache, dass sie diese eine Art der Kommunikation von ihren Eltern mitbekommen. Viele Erwachsene verbinden miteinander in einem Satz Wörter aus zwei verschiedenen Sprachsystemen, ohne sich der Konsequenzen dieses Verhaltens bewusst zu sein. Fazit: Kinder mischen zwei Sprachen miteinander, wenn ihre Eltern es auch tun. Und sie tun es aus verschiedenen Gründen: sie leben schon so lange im Ausland, dass sie vergessen haben, wie ein bestimmtes Wort in ihrer Muttersprache heißt; sie denken nicht daran, in welcher Sprache sie im Moment reden; sie sprechen zu schnell, um zu überlegen, welche Wörter sie benutzen; sie wissen nicht, wie sie ein bestimmtes Wort übersetzen sollen oder sie können es gar nicht übersetzen, da es dieses Wort in ihrer Sprache gar nicht gibt.

Es gibt viele Begriffe, die ausschließlich in einer Sprache vorkommen und nur dort verwendet werden können. Man kann sie nicht übersetzen. Man müsste dieses Wort umschreiben. Dafür mangelt es dem Sprechenden an Zeit, Geduld oder sprachlicher Gewandtheit, deswegen übernehmen sie die fremdsprachlichen Ausdrücke. Meistens sind es Bezeichnungen, die soziale, schulische oder kulinarische Themen betreffen. Hier habe ich ein paar Beispiele aus dem Polnischen, Englischen und Italienischen zusammengestellt.

In England nehmen die Kinder eine ,lunch box' mit in die Schule. Dies könnte man theoretisch mit ,Brotdose' übersetzen, jedoch hat dieser Gegenstand in England eine andere Bedeutung. In einer Brotdose gibt es in Deutschland nur ein Stück Brot und eventuell Obst. Die englische ,lunch box' ist eine ziemlich große bunte Plastikdose mit einem Henkel, oft wie ein kleiner Koffer geformt und beinhaltet alles, was man zum Mittagessen braucht, einschließlich Getränk. Man findet dort: belegtes Brot, Apfel, Joghurt, eine Trinkflasche und natürlich etwas Süßes.

In der englischen Schule haben die Kinder ,assembly', so etwas wie eine Versammlung. Das heißt, dass sich täglich für ca. 20 Minuten die ganze Schule in der Halle sammelt und der Direktor oder ein anderer Lehrer den Kindern etwas mitteilt. Manchmal werden gewisse Schüler gelobt oder getadelt, es wird über Disziplin gesprochen oder auch eine Geschichte zu einem bestimmten Thema vorgelesen. In kirchlichen Schulen kann es um religiöse Angelegenheiten gehen. Dieses gibt es in den deutschen Schulen nicht und deshalb benutzen die Deutschen, die in England leben, eben das englische Wort ‚assembly‘.

‚Simsen‘ (eine SMS schreiben) wird ‚texten‘ (von ‚to text‘) mit einer deutschen Konjugationsendung ‚-en‘ genannt.

Polen, die in Deutschland leben, sagen , dass sie eine Steuererklärung ‚w financamcie‘ (im Finanzamt) abgeben und nicht im ‚urząd skarbowy‘; in der Nacht, wenn alle Geschäfte geschlossen haben, kauft man ‚na tankszteli‘ (an der Tankstelle) ein und nicht ‚na stacji benzynowej‘. Auf der Autobahn gibt es einen ‚stau‘ und nicht ‚korek‘.

Im Italienischen gibt es kein Wort für ‚Apfelschorle‘. ‚Wasser‘ heißt ‚acqua‘ und ‚Apfelsaft‘ heißt ‚succo di mela‘. Zusammen könnte man also sagen ‚succo di mela con aggiunta di acqua‘ aber natürlich sagen Italiener, die in Deutschland leben, einfach ‚Apfelschorle‘.

Die Verwendung solcher unübersetzbaren Wörter bei einer einsprachigen Konversation verursacht, dass zwischen allen Mitgliedern einer Familie eine neue Art der Kommunikation entsteht. Mangelnde Konsequenz in der Wortwahl, das heißt: die wechselnde Anwendung von Wörtern und Ausdrücken aus verschiedenen Sprachsystemen und die Benutzung von grammatikalisch falschen Konstruktionen führen letztendlich zur Entstehung einer unkorrekten Sprache. Wenn kleine Kinder eine solche Mischsprache hören, fangen sie mit der Zeit an, selbst so schlecht zu sprechen. Sie können die beiden Sprachen nicht voneinander unterscheiden und in den Kontakten mit Gleichaltrigen kann und wird es zu Missverständnissen kommen.

Dies geschieht meistens, wenn sich die Eltern in ihren Äußerungen keine Mühe geben, um die zwei Sprachsysteme auseinander zu halten. Sie tun es nicht, weil ihnen die Wichtigkeit der Trennung nicht bewusst ist, sie vergessen es eben. Das Einfügen und Verwenden von fremdsprachigen Vokabeln sowie das

Anleihen von Sprachwendungen und ihre Beugung nach den Grammatikregeln der eigenen Muttersprache sind sehr schädlich für die kindliche Sprachentwicklung. Die Kinder meinen nämlich, sie würden nur eine einzige Sprache hören. Sie sind noch zu klein, um die zwei Sprachen von einander zu unterscheiden.

Liebe Eltern,
pflegt eure Muttersprache und achtet auf eure Ausdrucksweise! Sprecht nur in einer Sprache: entweder in der eigenen oder in der Fremdsprache, aber vermischt sie nicht miteinander! Fügt nicht mal einzelne fremde Ausdrücke ein, auch nicht zum Spaß. Eure Kinder werden euch in der Zukunft sehr dankbar dafür sein.

Wie soll man vorgehen, wenn das Kind die Sprachen vermischt?
Wenn die Eltern merken, dass ihr Kind zwei Sprachen zusammenfügt und sie miteinander vermischt, sollen sie rechtzeitig reagieren. Man sollte das Kind darauf aufmerksam machen und es sensibilisieren, dass es einen kompletten Satz immer nur in einer Sprache bilden soll. Eine Aussage muss in einer bestimmten Sprache formuliert werden, ansonsten wird man von einem Gesprächspartner nicht eindeutig oder gar nicht verstanden.
Wenn ein Polnisch sprechendes Kind im deutschen Kindergarten zum Teil deutsche und zum Teil polnische Ausdrücke verwendet, wird die Erzieherin Schwierigkeiten damit haben, seine Aussage problemlos zu verstehen. Sie wird ihm weitere Fragen stellen müssen, um seinem Gedankenverlauf folgen zu können. Schließlich wird sie es entmutigen und verwirren, was verursachen kann, dass das Kind außerstande ist, überhaupt etwas zu sagen. Im schlimmsten Fall wird das Kind den weiteren Kindergartenbesuch verweigern. Aus diesem Grund sollen die

Eltern auf keinem Fall diese Sprechart bei ihrem Kind akzeptieren. Von dem Kind soll man Konsequenz im Sprachgebrauch einfordern und stets unterstreichen, dass auch die Eltern mit ihm nicht ‚gemischt' kommunizieren. Ein Kind soll in einem Sprachbewusstsein erzogen werden, damit es weiß, dass es zwei getrennte Sprachsysteme gibt, dass sie unterschiedlich sind und nicht zusammengefügt werden können. Natürlich kann man dem Kind erlauben, etwas in einer anderen Sprache zu benennen, wenn es die Bezeichnung auf Polnisch nicht kennt; gleich danach soll man ihm aber signalisieren, dass etwas nicht stimmt. Man kann das Wort selbst übersetzen oder das Kind bitten, dies zu tun. Wichtig ist, dass das Ganze noch mal korrekt in der erforderlichen Sprache wiederholt wird. Dies ist sehr wichtig, damit sich das Kind diese korrekte Form einprägt und künftig nicht die falsche Form im späteren Leben verwendet.

In einer englisch-deutschen Familie beobachtete ich, wie die Mutter bei ihrer fünfjährigen Tochter anmahnte, in einer Aussage zwei Sprachen zusammengefügt zu haben. MARGARETE, meine englische Bekannte, reagierte großartig auf die von ihrem Kind auf Englisch gestellte Frage: „Mum, when we go outside, can we take our Spielsachen? (Mami, wenn wir raus gehen, können wir unsere Spielsachen mitnehmen?). Die Mutter übersetzte und benannte das Wort ‚Spielsachen' nicht gleich auf Englisch, sondern schaute ihre Tochter freundlich an und fragte ruhig: „Und wie würde es die Mami sagen?" Das heißt, sie fragte nach, wie die Mama dieses Wort in ihrer Sprache nennt. MARGARETE sagte zu der Tochter nicht: Sag es bitte richtig auf Englisch! Sie machte es auf eine feinfühligere Art, die zu einem besseren sprachlichen Erfolg führen kann.

Durch dieses Vorgehen zeigte meine Bekannte ihrer Tochter gleichzeitig zwei Probleme auf. Zum einen machte sie sie sanft darauf aufmerksam, dass sie ein Wort verwendet hatte, welches gar nicht zum Englischen gehört und welches man im Gespräch mit der Mama nicht verwenden soll. Zum anderen formte sie ihre sprachliche Sensibilität, indem sie sie dazu anregte, den Fehler eigenständig zu bedenken und selbstständig zu korrigieren.

Man sollte solchen Methoden folgen und das Kind andauernd zu einem Verhalten dieser Art bewegen. Es ist eine schwierige und langwierige Erziehungsarbeit, die den Eltern viel Geduld und Ausdauer abverlangt. Jedoch ähnlich verhält man sich mit dem Erwerb von Fertigkeiten in anderen Lebensbereichen – wie oft muss man ein Kind daran erinnern, vor dem Essen die Hände zu waschen oder dass es die Nachbarn grüßen soll? Durch die Wiederholung derselben motorischen und verbalen Tätigkeiten wird beim Kind eine Gewohnheit ausgeprägt, die im weiteren Leben unabdingbar ist.

Wichtig ist, dass die Eltern ihr Kind zu Hause immer nur in ihrer Muttersprache ansprechen und eine einheitliche Sprache pflegen. So erhält es die Chance, wirklich zweisprachig zu werden.

Verschiedene Arten der Sprachvermischung

Es gibt zwei Arten, wie man die Sprachen miteinander vermischen kann. Mit der ersten haben wir zu tun, wenn jemand in der Regel eine Sprache verwendet, dabei aber in seine Äußerungen unbewusst fremdsprachige Wörter einfügt. Folgende Beispiele habe ich nur in polnischer Sprache gehört und aufgeschrieben.

In den polnischen Satz kann ein deutsches Wort eingefügt werden, ein Substantiv:

„Dziś po południu pójdziemy na »Spielplatz«" („Heute Nachmittag gehen wir zum Spielplatz"; SARAH, 5 Jahre alt) oder

„Mamuś, na jutro do szkoły potrzebuję taki »Hausaufgaben-heft«" („Mami, für morgen brauche ich für die Schule so ein Hausaufgabenheft."; KASIA, 7 Jahre alt). „Tam jest taka ściana »aus Metall«" („Dort befindet sich eine Wand aus Metall"; ANJA, 5 Jahre alt)

Eingefügt werden auch deutsche Verben mit polnischen Endungen:

„Tam na drabince można »kletać«" („Dort kann man auf das Gitter klettern"; Julia, 5 Jahre alt) oder ganze Phrasen, „Idę na dwór »krajden malen«" („Ich gehe raus mit Kreide malen"; MONIKA, 6 Jahre alt).

Auch deutschen Sätzen fügen Kinder manchmal polnische Wörter bei:

„Wir gehen zu »bliźniaczek«." („Wir gehen zu den Zwillin-gen"; ANJA, 8 Jahre alt) oder „Warum nimmst du immer meine »szczotka« weg?" („Warum nimmst du immer meine Zahn-bürste weg?"; KARINA, 8 Jahre alt).

Deutsche Wörter können auch nach den Regeln des Polni-schen gebeugt werden:

„W domu mamy taki »lilany Rucksack.«" („Zu Hause haben wir so einen lila Rucksack"; KASIA, 4 Jahre alt), oder „Mama, poproszę jedną »szajbkę« pomidora" („Mama, gib mir bitte eine Scheibe Tomate"; JULIA, 7 Jahre alt).

Es kommen auch Sätze vor, in denen abwechselnd deutsche und polnische Wörter vorkommen:

„Te duże kaczki to ludzie »futrują«, a te małe to mi dopiero »leid tun«" („Leute füttern die großen Enten, und die kleinen tun mir echt leid."; VIVIEN, 10 Jahre alt).

Einen anderen Fall der Sprachmischung stellt eine wechsel-hafte Verwendung von deutschen und polnischen Sätzen dar. So sprechen in der Regel die Eltern:

„Kinder bitte Hände waschen! Zaraz będziemy jeść naleśniki." („Wir werden gleich Pfannkuchen essen.").

Das Kind lehnt die Elternsprache ab

Beim zweisprachigen Spracherwerb kommt es oft vor, dass die Kinder irgendwann anfangen, die Sprache der Eltern (in Migrantenfamilien) oder die Sprache eines Elternteils (in bikulturellen Familien) abzulehnen. Ab einem gewissen Zeitpunkt hören sie oft bewusst auf, die Antworten auf gestellte Fragen in der von den Eltern vorausgesetzten Sprache zu formulieren. Mit ihrem Verhalten signalisieren sie der Umwelt, dass sie mit dieser Sprache nichts mehr zu tun haben wollen. Diesen Moment sollten die Eltern nicht übersehen und sie dürfen dieses Problem keineswegs bagatellisieren.

Es ist wichtig, dem Kind gerade jetzt besonders großes Interesse zu zeigen und ihm Betroffenheit und Besorgnis zu signalisieren. Grübeln, warum es so ist, oder sich selbst die Schuld zu geben, hilft wenig. Eher gilt es, das Thema offensiv laut anzusprechen, sich mit dem Kind zu unterhalten und versuchen es zu verstehen, da es verschiedene Gründe geben kann.

Trennung oder Scheidung der Eltern

Es kommt oft dazu, dass die Kinder die Sprache eines Elternteils ablehnen, wenn unter den Familienmitgliedern keine Einigkeit mehr herrscht und einer von den Erwachsenen das Haus verlässt. Nun will der Vater oder die Mutter am Kind um jeden Preis alles Unangenehme wiedergutmachen, das mit der Trennung zusammenhängt. Weil diese Person nicht mehr mit der restlichen Familie lebt und der persönliche Kontakt mit den Kindern eingeschränkt ist (meist begrenzt auf ein paar Treffen im Monat), entsteht nun der Wunsch, die gemeinsam verbrachten Stunden möglichst intensiv und fruchtbar werden zu lassen.

Als mein Bekannter aus Mexiko nach der Scheidung gefragt wurde, warum er sich mit seiner Tochter nicht auf Spanisch unterhält, erwiderte er mir: „Ich sehe sie nur einmal in zwei Wochen, in dieser Zeit will ich ganz für sie da sein und sie nur für mich haben. Ich möchte von ihr nichts fordern und sie zu nichts zwingen. Für meine Tochter ist es einfacher, Deutsch zu sprechen, also muss ich mich anpassen. Der persönliche und emotionale Kontakt mit ihr ist für mich wichtiger als ihre Spanischkenntnisse."
Natürlich hat mein Bekannter auf einer Seite Recht. Auf der anderen aber zieht er nicht in Betracht, dass er durch solches Handeln seinem Kind den Weg zu einer innigen Beziehung zu den Großeltern und anderen Verwandten versperrt. Er verhindert bei seiner Tochter ein ganzheitliches Kennenlernen der Heimat des Vaters und der Kultur eines anderen Kontinentes. Klar wird die Tochter irgendwann Spanisch lernen, aber nicht in seiner familientypischen Variante.

Die Kinder, die von einem ausländischen Elternteil durch Scheidung getrennt wurden, verlieren automatisch den natürlichen Kontakt mit dessen Sprache, weil dieser Mensch im Alltag nun fehlt. Sehr oft reißt auch die Freundschaft zu den Großeltern oder der ganzen Familie im Ausland ab. Deswegen verlieren die Kinder die Motivation zum weiteren Lernen und mit der Zeit gerät die nicht gepflegte Sprache in Vergessenheit.
Manchmal scheint es, als ob die Kinder unbewusst den Elternteil, der die Familie verlassen hat, bestrafen wollen. Durch die Ablehnung seiner Sprache geben sie dem Erwachsenen ein klares Zeichen, dass sie den Kontakt völlig abbrechen möchten.

Der Umzug

Auch ein Umzug kann zur Folge haben, dass Kinder eine Sprache verweigern. Als Beispiel möchte ich einen sehr interessanten Fall anführen, wobei ich glaube, dass solche Fälle in jedem Land anzutreffen sind und nicht selten vorkommen. In dieser Geschichte lehnten die Kinder jedoch nicht die Sprache der Eltern ab, die plötzlich zur Umgebungssprache wurde, sondern verweigerten fast komplett die bisherige Umgebungssprache.

Eine Polin, Frau EWELINA, wohnte 15 Jahre lang in Wien, wo auch ihre fünf Kinder zur Welt kamen. Die Sehnsucht nach der Heimat, ein neues, interessantes Jobangebot und das in der Heimat hinterlassene Haus ließen sie jedoch nicht ruhig leben. Irgendwann entschlossen sich alle, nach Polen zurückzukehren. Die Kinder verließen gern und ohne Widerstand das Land ihrer Kindheit, brachen den Schulbesuch in Österreich ab und machten sich mit den Eltern auf den Weg in das Land, wo sich ,ihr Platz' befand.

Die Eltern hatten den Ehrgeiz, ein möglichst tadelloses Deutsch und den weiteren Gebrauch der Sprache durch die beiden älteren Töchter zu erhalten. Dies zu verwirklichen war aber nicht so einfach. Die Kinder blockten ab und wollten kein Deutsch mehr benutzen. Für die Eltern war diese Situation sehr belastend.

Angesichts dieser ungünstigen Einstellung der Kinder der deutschen Sprache gegenüber tauchte nun die Frage auf, wie man sie zum weiteren Erwerb dieser Sprache in Polen motivieren könnte, da diese Sprache bei ihnen langsam schwand. Die Aufrechterhaltung und die Pflege waren aber notwendig, da die Familie weiterhin viele Freunde nicht nur in Österreich, sondern auch in Deutschland hatte. Einige Zeit nach der Rückkehr nach Polen besuchten die Kinder verschiedene Deutschkurse, allerdings ohne Begeisterung. In der neuen, polnischen Schule lag das Unterrichtsniveau unter ihren bisherigen Fähigkeiten. Wie die meisten Kinder freuten sich die älteren Töchter meiner Bekannten, dass ihre Schulpflichten dadurch leichter wurden und sie nicht mehr viel lernen mussten. Sie waren stolz darauf, dass sie den deutschen Wortschatz und die Grammatik perfekt beherrschten, im Unterricht aber äußerten sie sich nur ungern. Auch deutsche Sendungen im Kabelfernsehen zogen sie nicht an.

Die Ablehnung des Deutschen durch die Kinder in einer neuen, polnischen Umgebung ist ein natürlicher Prozess. Das neue Umfeld, die Schule, die Freunde und die ersten Liebe verlangen es ihnen ab, da sie ab sofort nur noch polnisch sind. Das ist nicht zu ändern – nur zu akzeptieren. Das Deutsche ist jedoch bei diesen Kindern tief im Gedächtnis gespeichert, da sie es im frühen Alter von ihren Gleichaltrigen lernten und durch den Schulbesuch systematisierten. Sie beherrschten es makellos und können es nicht verlernen.

Wie könnte Frau EWELINA die Deutschkenntnisse ihrer Kinder unterstützen? Die Eltern sollten das Thema des Phänomens der Zweisprachigkeit ihrer Kinder oft positiv ansprechen sowie den möglichen Nutzen und die Vorteile unterstreichen. Dadurch, dass Frau EWELINAS Kinder die polnische Sprache im Ausland einwandfrei gelernt haben, können sie jetzt ungehindert am Schulunterricht in einer polnischen Schule teilnehmen. Ähnliches kann die Zukunft bringen. Die Kenntnisse der deutschen Sprache können das Studium an einer deutschen oder österreichischen Universität ermöglichen. Zusätzlich kann sich auch eine berufliche Karriere dadurch eröffnen, dass die Kinder beide Sprachen fließend beherrschen.

Es ist wichtig, die Kinder oft daran zu erinnern, dass sie nicht nur die Sprache kennen und beherrschen, sondern auch die Mentalität der Menschen, die sie verwenden, dass sie wissen und verstehen, wie die Österreicher auf unbekannte Sachverhalte reagieren, warum sie sich auf diese Weise verhalten und warum ihnen diese und nicht jene Werte im Leben wichtig sind.

Ich denke, dass man die Kinder nicht zwingen kann, miteinander Deutsch zu sprechen. Die Sprache muss unter natürlichen Umständen benutzt werden; dazu gehören häufige Besuche in Österreich und Deutschland, aber nicht die Teilnahme an Sprachkursen, sondern eher in der Form von Jugendcamps. Die Kinder können Deutsch, müssen es nur festigen, indem sie es ungezwungen verwenden. Kurse an polnischen Sprachenschulen können sich als nutzlos erweisen, sind zu theoretisch und praxisfern.

Je nach Gelegenheit und Wohnort könnten die Kinder gegebenenfalls eine Schule des österreichischen Konsulats besuchen. Vielleicht könnten sie auch im örtlichen Kindergarten mithelfen, selbst Unterricht halten oder eine Spielgruppe mit kleineren Kindern auf Deutsch leiten, es wäre aber für sie trotz oder gerade wegen ihres jugendlichen Alters eine große Auszeichnung.

Die Kinder meiner Bekannten sollten auch viel auf Deutsch lesen (Bücher, Zeitungen, Kinderzeitschriften). Ob sie das aber tun wollen, lassen wir einmal dahingestellt ...

Die Pubertät

Im Alter von 12 bis 14 Jahren verbringen die Kinder viel Zeit mit Gleichaltrigen aus der Schule oder Nachbarschaft, die für sie zu wichtigen Bezugspersonen und Vorbildern werden. Die Intensität der Kontakte mit den Eltern nimmt auf eine natürliche Weise ab, und der Einfluss der Erwachsenen auf die Erziehung wird geringer. Das Temperament des Kindes und seine Persönlichkeit entscheiden, ob es den Anforderungen der Eltern nachkommt oder gegen sie ankämpft, indem es elterliches Interesse und familiäre Fürsorglichkeit ablehnt.

In der ‚Periode der Rebellion' kann es vorkommen, dass das Kind die Muttersprache der Eltern teilweise oder sogar ganz ablehnt. In sprachlich gemischten Familien verweigert es meist die schwächere Sprache, also die, die nicht als Umgebungssprache fungiert. Diese Situation entsteht, weil diese Sprache nicht von den Freunden verwendet wird. Deshalb kann sich das Kind nicht in die Gruppe seiner Kameraden integriert fühlen. Es ist kein Teil davon, weil es anders spricht als alle anderen. Es kann vorkommen, dass das Kind nicht als Fremder wahrgenommen werden will. Deshalb verwirft es auch bewusst alles, was damit assoziiert wird. Vielleicht kam es zu einer Begegnung mit jemandem, der sich herablassend über Ausländer äußerte. Vielleicht hat ihm diese Kritik sehr wehgetan und nun ist es ihm lieber, seine Wurzeln abzulehnen und einen Strich unter die Vergangenheit zu ziehen, um ein schlechtes Gefühl oder Ausgrenzungen zu vermeiden.

Was erscheint günstig, damit das Kind die Sprache der Eltern wieder akzeptiert? Wenn Kinder bewusst die Sprache der Eltern verweigern, sich schämen sie anzuwenden oder sie nicht ohne Scheu gebrauchen können, ist es sehr wichtig, dass die Eltern nicht die Geduld verlieren und ihre Kinder weiterhin konsequent in der Muttersprache ansprechen. Sie sollten auch ständig und effektiv das Selbstwertgefühl der Kinder anregen und fördern. Dies ist jedoch sehr mühsam. Denn wie lange können die Eltern Antworten akzeptieren, die in einer anderen Sprache formuliert sind als jener, in der die Frage gestellt wurde? Irgendwann wird es auch für die Eltern leichter, bequemer und schneller, das Kind genauso anzureden, wie es selbst spricht. Dieses Verhalten widerspricht aber der zweisprachigen Kindererziehung.

Eltern, die sich für ihre Kinder Zweisprachigkeit wünschen, sollen ihnen stets erklären, dass eine zusätzliche Sprache keinerlei Belastung für die Psyche ist oder etwas, dessen man sich schämen muss. Die Kenntnis einer zweiten Sprache sind eine wertvolle Fähigkeit in der Entwicklung eines jeden Menschen. Sie ist wie ein Schatz, der einem hilft, Menschen aus anderen Völkern zu verstehen – ihre Kultur und Mentalität, ihr Verhalten und ihre Denkweise. Sie hilft, sich freier, sicherer, unabhängiger in dem Land zu fühlen, wo sie gesprochen wird.

Eine andere Idee, Kinder dazu anzuregen, sich mit den Eltern in ihrer Muttersprache unterhalten, ist das Bestimmen einer Ecke im Haus oder einer Situation, in der nur die Familiensprache gesprochen werden darf. Es müssen aber wichtige Orte und bedeutende und interessante Situationen sein, sonst werden sie die Kinder meiden, um nicht anders sprechen zu müssen, als es für sie bequem ist.

Ein solcher Ort kann der Esstisch sein, an dem alle gemeinsam speisen oder außerhalb des Hauses das Auto. Die Kinder und die Eltern dürfen hier nur auf diese Art und Weise sprechen, wie es vorher festgelegt wurde. Die Kinder sollen selbst ‚Strafen‘ (Denk-dran-Aufgaben) für diejenigen erfinden, die sich nicht an die Forderung halten.

Leicht umzusetzen ist der Vorschlag, im Auto immer Aufnahmen mit heimatlichen Lieblingsmärchen in Form von Hörspielkassetten oder Lieblingsmusik der Kinder parat zu haben. Bei einer langen Fahrt hören sich die Kinder sehr gern solche Kassetten an. Beim Zuhören versetzen sie sich in eine andere Welt und nehmen gar nicht wahr, dass sie etwas in einer Sprache hören, die sie eigentlich nicht mögen. Konzentriert auf den Inhalt der Geschichte fangen sie oft an, miteinander oder mit den Eltern in der Familiensprache zu sprechen.

Bei jüngeren ausländischen Kindern kommt es oft vor, dass die Kindergartensprache sehr stark dominiert, so dass die Kleinen fast gar nicht mehr in der Lage sind, sich mit den Eltern in deren Muttersprache zu unterhalten. In dieser Situation ist es fast unmöglich, die Forderung nach der Kommunikation in dieser Sprache umzusetzen. Hier helfen nur die Geduld der Eltern und die Hoffnung, dass sich bald alles ändert – und es ändert sich wieder einmal vor allem dadurch, dass die Eltern in den Ferien in ihr Heimatland verreisen. Dort müssen sich die Kinder eigenständig neue Bekannte suchen, schon um die Langeweile zu vertreiben. Durch häufige Zusammenkünfte mit dortigen Spielkameraden wandelt sich die Bekanntschaft langsam in eine Freundschaft um. Sehr wertvoll und nützlich für die Öffnung gegenüber der abgelehnten Sprache könnte auch die Teilnahme an organisierten Ferienaufenthalten für Kinder und Jugendliche oder Wandercamps werden. Dort geschlossene Bekanntschaften können ja heutzutage gut und leicht per E-Mail aufrechterhalten werden.

IBO, ein Junge türkischer Abstammung, blieb bis zum dritten Lebensjahr stets unter der Obhut seiner Mutter, von der er Türkisch lernte. Er verstand alles, was sie zu ihm sagte und antwortete auch korrekt. Die Familie wohnte damals in einem Stadtviertel, das weitgehend von türkischer Bevölkerung bewohnt wurde, deshalb gehörten viele Türken zum Bekanntenkreis der Eltern und der Kinder. Zusammen mit IBO besuchte auch ein Junge aus der Türkei den Kindergarten. Er war in der gleichen Gruppe wie IBO und sein Freund auf dem Spielplatz, mit dem er am liebsten und am häufigsten auf Türkisch spielte. Die Erzieherin bat die Jungen oft, während des Besuchs des Kindergartens Deutsch zu sprechen, damit sie schneller die Umgebungssprache lernen. Dies zu verwirklichen war nicht so leicht, da die Spielsprache der beiden damals ausschließlich das Türkische war. Die Erzieherin beschwerte sich oft und kritisierte mehrmals dieses Verhalten, doch die erwarteten Resultate blieben aus. Zum Schluss, da sie sich nicht mehr zu helfen wusste, führte sie eine Art Bestrafung ein: sie trennte die Jungen, setzte sie in gegenüberliegende Ecken des Zimmers oder untersagte sogar gemeinsame Spiele.

Dieses Verhalten der Kindergärtnerin wirkte sich sehr negativ auf Ibos Selbstwertgefühl aus, was dazu führte, dass er zeitweise aufhörte, Türkisch zu sprechen, um schließlich Türkisch ganz zu verwerfen. Zu Hause sprachen die Eltern Ibo weiterhin auf Türkisch an. Er verstand sie zwar, aber antwortete ausschließlich auf Deutsch. Während der häufigen Besuche in der Türkei bei den Großeltern verbrachte er viel Zeit alleine im Haus, ohne mit den anderen Kindern draußen zu spielen. Er schämte sich wegen seiner mangelnden Kenntnisse des Türkischen und hatte Angst davor, missverstanden oder ausgelacht zu werden.

Nun ist Ibo 15 Jahre alt. Vor etwa zwei Jahren änderte sich seine Einstellung zum Türkischen. Während der Ferien im Heimatland der Eltern merkte er, dass türkische Gleichaltrige ihn sehr mögen und sich gern mit ihm anfreunden. Obwohl er in Deutschland aufwuchs, verstand er, dass ‚die zweite Hälfte seines Herzens‘ der Türkei gehört, in eine andere Welt, in der er sich auch glücklich fühlen kann, allerdings nur dann, wenn er die Sprache besser beherrscht. Dies ist für ihn nicht sehr schwer, da er alles versteht. Nun muss er nur noch mehr Mut und Vertrauen zum Gebrauch des Türkischen fassen.

Das Kind hat Probleme, sich auszudrücken

Manche zweisprachigen Kinder erleben Misserfolge, was die korrekte Ausdrucksweise in den Sprachen beider Eltern oder des fremdsprachigen Elternteils anbetrifft. Am schlimmsten sind die Momente, in denen sie der Mama oder dem Papa von den Erlebnissen im Kindergarten oder in der Schule berichten wollen. Die Freuden des Tages und die schönsten Ereignisse erlebten sie ja in der Umgebungssprache, die von den anderen Kindern und Erziehern gesprochen wird. Das zweisprachige Kind möchte das alles in der Elternsprache erzählen, aber dies fällt ihm sehr schwer. Nur mit großer Mühe sucht es im Gedächtnis nach nötigen Wörtern und Wendungen, die aber nicht gleich auftauchen wollen. Ein Teil der im Kindergarten kennengelernten Vokabeln und Fachausdrücke ist für das Kind ganz neu und viele von ihnen versteht es nicht. Wenn die Kinder neue Themenfelder, Namen von Körperteilen oder die Monate lernen, wissen sie nicht immer sofort, wie diese in der Elternsprache heißen. Sie wissen auch nicht, wie sie sie übersetzen sollen. Deswegen sollten wir Eltern zulassen, dass das Kind diese Begriffe auf Deutsch nennt und wir sie in unsere Sprache übersetzen. Ein Kind, dessen Eltern über Jahre hinweg bewusst seine exakte Ausdrucksfähigkeit in jeder der gebrauchten Sprachen förderten, zeigt viel Ehrgeiz, stellt an sich selbst hohe Ansprüche und möchte deshalb seinen Äußerungen keine fremdsprachigen Ausdrücke beimischen. Um aus Gewohnheit und Konsequenz die zwei Sprachen voneinander zu trennen, sagt es lieber gar nichts, anstatt etwas Falsches zu sagen. Wenn dieses Kind auf dem Weg nach Hause von den Eltern nach den Ereignissen des heutigen Tages gefragt wird, schweigt es einfach, zuckt nur mit den Schultern oder sagt, es wisse es nicht mehr. Solche Momente sind für die kleinen Kindergartenbesucher leidig und sehr unangenehm, da sie sich selbst aus dieser komplizierten Lage nicht zu befreien wissen.

Wie kann diesem Kind geholfen werden? Um das Kind vor dem Verlust des Selbstbewusstseins zu schützen, sollen die Eltern ihm immer Hilfe und Zuneigung bieten, und vor allem eines: ein tiefes Verständnis für dieses Problem. Es ist sehr wichtig, das Kind beim Abholen von der Schule oder vom Kindergarten warm zu begrüßen, zu umarmen und ihm ein nettes Wort zu sagen. Um ihm bei der Umstellung auf die Elternsprache zu helfen, sollte der Vater oder die Mutter beginnen, viel von sich selbst zu erzählen. Was sie an diesem Tag gemacht haben, was sie erlebt und wen sie getroffen haben. Das Kind hört zuerst nur zu, stellt seinen Gedankenverlauf um und wird dann alle

Hemmungen verlieren, wird langsam gesprächiger, bis es anfängt, Mama oder Papa selbst Fragen zu stellen.

Der Gebrauch einer Sprache ist ein Phänomen, das sich nicht wirklich vollständig verstehen lässt. Manchmal scheint es, als ob einem Kind oder sogar einem Erwachsenen in manchen Situationen ein bestimmtes Wort oder eine ganze Wendung fehlten. Es ist sehr interessant, dass der gesuchte Begriff wie von selbst auftaucht – oder er wird leichter ins Gedächtnis gerufen, nachdem eine Kommunikation mit einem Gesprächspartner stattfindet, indem man eine Aussage von ihm empfängt, der die gleiche Sprache verwendet wie wir. Wenn wir jemanden hören, der ‚besser' (ausdrucksvoller, spontaner, bunter) spricht als wir, wollen wir uns automatisch und unbewusst an sein Sprachniveau anpassen und konzentrieren uns mehr auf unsere Aussagen, die bildhafter und deutlicher werden.

Die ersten schweigenden Momente nach dem Abholen eines Kindes vom Kindergarten oder von der Schule, das viele Stunden in einer anderen sprachlichen Umgebung verbracht hat, lassen sich als sprachlicher Übergang oder sprachliche Anpassung sehen. Nach einiger Zeit muss aber ein Gespräch beginnen, indem dem Gegenüber eine konkrete Frage gestellt wird. Es ist wichtig, die Formulierung des Kindes in Ruhe abzuwarten, ihm in die Augen zu schauen und Interesse an einem Gespräch zu zeigen.

Ähnliche Probleme hatte ich mit JULIA, die damals noch in den Kindergarten ging. Jedes Mal, wenn ich sie abholte, fragte ich, was sie dort den ganzen Tag lang gemacht hatte, aber oft konnte sie mir keine Antwort geben. Egal, was ich gefragt habe, ob nach den Kindern oder Erzieherinnen, sie zuckte immer nur mit den Schultern und blieb sprachlos. Da ich es oft eilig hatte, brachte ich nicht genug Zeit und Kraft auf, ewig auf eine Antwort zu warten. Diese Momente waren für meine

Tochter unangenehm und lästig, es ärgerte sie, aber sie wusste keinen Rat, wie sie sich helfen sollte. Sie konnte einfach nicht sprechen oder wusste nicht, was sie sagen sollte.

Wenn wir zwei aber ganz allein zu Hause waren und angekuschelt auf dem Sofa saßen und JULIA meine Ruhe und mein nur ihr geltendes Interesse spürte, dann taute sie langsam auf und fing an zu sprechen. Zuerst waren es einzelne Wörter, die ich zu Sätzen ausbaute, dann immer mehr und mehr. Manchmal dauerte es sehr lange, brachte aber doch die erwarteten Ergebnisse. Dann wurde mir klar, dass JULIA sehr gut Polnisch sprechen kann, ich ihr nur viel Zeit und die Chance geben muss, sich zu öffnen sowie ihr zeigen muss, dass sie für mich wichtig ist. Alle nötigen Wörter und Wendungen waren nämlich in ihrem Gedächtnis gespeichert, JULIA musste sie nur abrufen.

Nun ist meine Tochter in der ersten Klasse und es gibt auch Tage, an denen sie Schwierigkeiten damit hat, Aussagen vollständig und klar zu formulieren. In solchen Momenten versuche ich, mit ihr unter vier Augen allein zu sein und warte einfach geduldig ab. Es ist wichtig, dass die zweite Tochter nicht dabei ist, denn sie ist sehr wortgewandt und am liebsten würde sie für ihre Schwester alle Fragen beantworten.

Manche Kinder können mit ihrer Zweisprachigkeit überfordert sein. Sie brauchen mehr Zeit zum Erlernen und zum Unterscheiden der Sprachsysteme. Kinder können Probleme mit der Aussprache schwieriger Wörter haben und mit der Aneignung komplizierter grammatikalischer Formen sowie ihrer korrekten Anwendung. Es kommt vor, dass sie in ihren Aussagen Fehler machen und dies, obwohl sie von ihren Eltern einfühlsam und systematisch berichtigt werden. Sie sind nicht imstande, sich korrekte sprachliche Strukturen zu merken und sie später anzuwenden.

Goran kam in einer sprachlich gemischten Familie zur Welt; seine Mutter ist Polin, sein Vater kommt aus Kroatien und sie leben in Deutschland. Von seiner Mama lernt er Polnisch und vom Vater Deutsch, wobei diese Sprache nicht immer stilistisch und grammatikalisch korrekt gebraucht wird. Während der Besuche bei seiner kroatischen Oma, die in derselben Stadt wohnt, hört und versteht Goran Kroatisch, antwortet aber ausschließlich auf Deutsch. Als er fünf wurde, merkte seine Mutter, dass er Probleme mit der Aussprache polnischer Reibelaute und Affrikata hat. In seiner Aussprache lispelte er, indem er die Laute ‚sch', ‚tsch', ‚dz' gegen Zischlaute ‚s', ‚z' und ‚c' austauschte. Anstatt von „szkoła" [schkoua] sagte er „skoła" [skoua], anstatt „czapka" [tschapka] – „capka" [tsapka], anstatt „szczotka" [schtschotka] – „scotka" [szotka].

Dies hatte zur Folge, dass seine Mama eine sehr eigenartige Form der Kommunikation mit Goran entwickelte. Um ihrem Sohn das Verstehen und das Aussprechen von ihrer Meinung nach schwierigeren polnischen Wörtern mit Zischlauten zu erleichtern und zu ermöglichen, tauschte sie sie jedes Mal automatisch gegen ihre deutschen Entsprechungen aus. Sie baute den ganzen Satz auf Polnisch, und in dem Moment, wenn sie ein Wort mit einem ‚problematischen' Laut benutzen wollte, ersetzte sie es mit einer deutschen Bezeichnung. Dabei ersetzte sie nur die Substantive, die Verben ließ sie auf Polnisch. Dies führte schließlich dazu, dass der Junge die Wörter mit diesen ‚schwierigen' Lauten gar nicht mehr zu hören bekam. Anstatt „idziemy do przedszkola" („wir gehen in den Kindergarten") sagte sie nun „idziemy do Kindergarten", anstatt „tu masz szczotkę i umyj zęby" („hier ist deine Bürste, putz dir die Zähne") sagte sie „tu masz Zahnbürste i umyj zeby". So entwickelte sie unbewusst eine interessante und vom Standpunkt der Linguistik gesehen, originelle, eigenartige Mischsprache. Diese Art der Kommunikation dauerte etwa ein Jahr lang. In dieser ganzen Zeit hörte er die ihm von früher bekannten Wörter nicht mehr, da die Mutter – die einzige polnische Ansprechpartnerin – sie nicht mehr benutzte. Da er sie nicht mehr hörte, benutzte er sie auch nicht und lernte so auch keine neuen Wörter.

Als er in die erste Klasse der Grundschule ging, unterließ seine Mutter diese Form der Kommunikation, obwohl er immer noch lispelte. Sie fing wieder an, ihre Äußerungen auf Polnisch zu formulieren, GORAN blieb aber ganz und gar beim Deutschen.

Für GORAN wäre ein Kontakt mit einem Logopäden sehr förderlich gewesen. Systematisches Trainieren unter fachlicher Anleitung würde ihm helfen, alle Hindernisse schnell zu überwinden. Er sollte intensiv seine Sprechorgane festigen, das heißt die Zunge, die Lippen und die Wangen.

Für ehrgeizige Eltern ist es nicht leicht, auftauchende Sprachschwierigkeiten bei ihren Kindern zu akzeptieren. Bei mir selbst habe ich bemerkt, dass ich mich schnell aufrege und ungeduldig werde, wenn meine Töchter trotz häufiger Ermahnungen immer noch Sätze auf Polnisch falsch bauen. Manchmal sprechen sie sogar absichtlich mit Fehlern oder verbiegen Wörter, um mich ein wenig zu veräppeln, gleichzeitig aufzulockern und zum Lachen zu bringen. Dann rufen sie lachend auf Polnisch: „Mama, bleib doch locker!" Dies ist sehr hilfreich.

Als die Kinder klein waren, ging ich mit ihnen sehr gern Schlitten fahren. Wir brachen besonders gern auf, wenn es draußen schon dunkel war. Auf dem Hügel waren dann keine anderen Kinder mehr und wir genossen unsere Dreisamkeit. Wir rutschten verknäuelt zusammen hinunter und fielen absichtlich aufeinander. Dabei wurde viel und laut gelacht. Es waren sehr entspannende Momente, die wir alle sehr nötig hatten.

Da wir nur zu dritt waren, konnten wir nach Herzenslust auf Polnisch schreien. Ich merkte, dass sich die Kinder während unserer ,wilden' Spiele nicht mehr übertrieben um sprachliche Korrektheit kümmerten. Sie waren entspannt, fröhlich, glücklich und dies hatte zur Folge, dass ihnen schwierige oder vergessene Wörter wie ,von selbst' ins Gedächtnis kamen und sich in logischer Folge aneinanderreihten. In solchen Momenten fühlten sich die Kinder von mir nicht kontrolliert und sprachen richtiger als sonst.

Liebe Eltern,
es ist wichtig, die Kinder so zu lieben und zu akzeptieren, wie sie sind. Man sollte mit ihnen viel und herzlich lachen, und so oft es geht, entspannte Situationen schaffen, in denen sie sie selbst sein können. Wenn man ihnen erlaubt, zu toben und zu tollen, sind sie glücklich. In einem Moment voller Freude und Verständnis von unserer Seite denken sie nicht mehr daran, sich in einer bestimmten Sprache korrekt auszudrücken. Diese spontane Situation entspannt sie und gemeinsame lustige Spiele mit den Erwachsenen helfen ihnen, ihre Seelen zu öffnen, bilden Halt und schaffen Vertrauen in sich selbst und in die Welt. All das ist sehr förderlich für den Spracherwerb.

Einfluss der Schule auf die schwache Sprache

Anpassungsprobleme

Die meisten Erstklässler erleben viele Probleme bei der Umstellung vom Alltag eines Kindergartenkindes auf die tägliche Routine eines Schülers. Sehr schwer für die Kinder ist das regelmäßige und frühe Aufstehen, da im Kindergarten eine Verspätung mit keinen größeren Problemen verbunden war. In der

Schule hingegen fängt der Unterricht pünktlich an und ein Schüler darf nicht erscheinen, wann er möchte.

Hinzu kommt die lange Dauer einer Unterrichtseinheit. Im Kindergarten hatten die Kinder viel Freizeit, konnten oft selbst entscheiden, mit wem und wie lange sie spielen wollten. Die Erzieherinnen führten zwar ein vielfältiges, umfangreiches und didaktisches Programm durch, aber die organisierte Beschäftigung dauerte viel kürzer. In der Schule müssen die Kinder 90 Minuten lang in Konzentration verharren und das kommt einem Kind manchmal wie eine Ewigkeit vor.

Ein anderes schulisches Anpassungsproblem ist die Befangenheit mancher Kinder, neue Kontakte zu knüpfen. Viele haben Schwierigkeiten damit, sich mit fremden Kindern anzufreunden. Andere sind schüchtern oder sprechen zu leise, was ihre Gleichaltrigen nicht immer akzeptieren. Aus diesem Grund bleiben viele in der ersten Zeit auf sich allein gestellt.

Auch die neue Lehrerin, die eine Autorität darstellt, erwartet von den Kindern Kooperation. Sie fordert systematisches Lernen und regelmäßig erledigte Hausaufgaben. Die Klassenlehrerin wird ungeduldig, wenn sie merkt, dass es den Schülern an Disziplin mangelt und sie den Unterricht stören. Sie muss sie dann mit erhobener Stimme zur Ruhe auffordern und laute, manchmal auch nur lebhafte Kinder ständig ermahnen.

Alle diese Faktoren werden für die Erstklässler zum Stress. Die Kinder fühlen sich müde, überlastet und überfordert, was dazu führt, dass sie naturgemäß alle zusätzlichen Verpflichtungen erst einmal ablehnen. Sie bringen nicht die Lust und Bereitschaft auf, sich in der Familie in einer anderen als in der Schulsprache mitzuteilen. Deshalb spielen hier die Eltern eine große Rolle; gerade jetzt sollen sie sich noch mehr Mühe geben, damit die Ausdrucksweise der Kinder korrekt bleibt, wenn sie die Elternsprache anwenden.

Schwächung der Familiensprache

In der ersten Zeit nach der Einschulung bagatellisieren die meisten Eltern oder merken es nicht, wenn die Kinder Wörter aus der Umgebungssprache, die mit der Schule zusammenhängen, in die Familiensprache einfließen lassen. Die Mutter oder der Vater hören sich zwar die Aussage an, aber es fällt ihnen nicht ein, Überlegungen anzustellen, in welcher Sprache und wie sie formuliert wurde. Wenn sie von einem Dritten darauf angesprochen werden, versuchen sie, etwas an den Kinderäußerungen zu ändern, wissen aber nicht so richtig, was sie nun tun sollen. Sie sind konfus und hilflos. Mit der Zeit werden sie lässiger und am Ende hören sie komplett auf, sich daran zu stören. Nach einer gewissen Zeit, wenn den Eltern dieses Problem bewusst wird und sie darüber nachdenken, bitten sie zwar ihre Kinder darum, Sätze in der Familiensprache zu bilden, aber die Kinder können es nicht mehr. Es fehlt ihnen am adäquaten Wortschatz und die Erwachsenen entpuppen sich oft als nicht kompetent genug, da sie die Umgebungssprache nicht gut genug kennen und die benötigten Phrasen nicht in die eigene Sprache übersetzen können.

Die Eltern haben auch nicht genug Zeit und Geduld, um konsequent zu bleiben, wenn sie mit den Kindern sprechen. Manchen ist die sprachliche Korrektheit in der Muttersprache nicht wichtig. Andere fühlen sich hilflos angesichts der Dominanz der Schulsprache und wissen nicht, wie sie handeln sollen, da die Kinder ‚sowieso anders antworten'. Deshalb geben sie schließlich auf.

Neuer Schulwortschatz

Bereits einige Tage nach dem Schulanfang fangen die Kinder an, einen neuen, auf den Schulalltag bezogenen Wortschatz und neue Begriffe nach Hause zu bringen. Für die meisten zugereisten Eltern sind dies ganz neue und fremde Wörter, die sie lernen, begreifen und sich aneignen müssen. Wenn sie viel Zeit haben, werden sie die fremdsprachigen Begriffe Wort für Wort übersetzen, aber die meisten haben nicht so viel Geduld und Interesse.

Angesichts dessen stellt sich die Frage, inwieweit die Eltern es akzeptieren und zulassen sollen, dass fremde Phrasen in die Familiensprache eingeflochten werden. Soll man alles eins zu eins in die Elternsprache übersetzen und wenn ja, wie soll man vorgehen? Eigentlich könnte man doch duldsam bleiben und wenn man in Deutschland lebt, deutsche Benennungen ganz und gar übernehmen. Aber dann würde eine französische Mutter „Mathe" und „Deutsch" sagen und nicht „mathématiques" und „allemand". Wäre dieses Verhalten richtig? Wäre es nicht der erste Schritt dahin, die Vermischung der beiden Sprachen zuzulassen? Das Ziel der Erziehung zur Zweisprachigkeit ist doch ihre konsequente Trennung. Außerdem erlauben es der Ehrgeiz und der Stolz der Kinder nicht, mit den Eltern in der Umgebungssprache zu sprechen.

Manche zweisprachige Kinder stellen an sich selbst sehr hohe Ansprüche und kämpfen ständig gegen ihre Unfähigkeit, sich immer konsequent nur in einer Sprache auszudrücken, insbesondere wenn es um kompliziertere Begriffe geht. Beispielsweise würden manche polnische Kinder, die in Deutschland aufwachsen, zwar ein deutsches Wort im polnischen Satz verwenden, würden aber dann eine polnische Endung hinzufügen und, wenn sie zum Beispiel am Computer arbeiten, sagen: „Trzeba to »zaspeicherować«." – „Das muss man abspeichern".

Andere Kinder würden ein fremdsprachiges Wort verwenden, aber gleich danach die Eltern darum bitten, dieses Wort ins Polnische zu übersetzen. Sie würden der Mama oder dem Papa in die Augen sehen und darauf warten, dass sie ihnen eine konkrete Entsprechung liefern. Ein Kind sagt zwar „Trzeba to »abspeichern«", korrigiert sich dann aber selbst und wiederholt den Satz auf Polnisch: „Trzeba to zapisać".

Andererseits wäre die vollständige Akzeptanz für fremde Einmischungen aus dem Bereich des Schulwortschatzes auch gegenüber den Großeltern und befreundeten Kindern in der Heimat der Eltern nicht in Ordnung. Sie könnten dann die Erzählungen und die Berichte, in denen die Schule vorkommt, gar nicht verstehen, und könnten sich das Leben dort überhaupt nicht vorstellen. Doch für die Omas und Opas im Ausland sind die Geschichten aus der Schule, besonders aus einer Schule im Ausland, so interessant, lustig und faszinierend. Deshalb ist es nötig, alles genau zu übersetzen, damit die Kinder den nötigen Wortschatz erwerben und den Familienangehörigen im Heimatland der Eltern alles bildhaft erzählen können. Für viele ausländische, aber auch für muttersprachliche Eltern, sind die fachlichen Begriffe, die mit der Schule zusammenhängen, neu und fremd – sie wissen nicht, was diese bedeuten. Dies ist am häufigsten der Fall bei mathematischen (Division, Quotient, Raute) und grammatikalischen (Präposition, Akkusativobjekt, Präteritum) Definitionen sowie bei Themen, die im Fach Heimat- und Sachunterricht vorkommen. Da die Eltern nicht wissen, wie sie die Benennungen in die Muttersprache übersetzen sollen – in manchen Wörterbüchern kommen diese Begriffe gar nicht vor – bedienen sie sich oft Umschreibungen, um dem Problem aus dem Weg zu gehen.

ANJA: *Seit meine ältere Tochter eingeschult wurde, verstärkte sich der Einfluss des Deutschen auf ihre Ausdrucksweise so, dass ich gezwungen war, gewisse Änderungen hinzunehmen. Ich konnte bei der Trennung der Sprachen nicht mehr so streng und konsequent sein, weder bei mir noch bei ihr. Früher fügte ANJA ihren Aussagen keine deutschen Wörter hinzu. Sie versuchte immer alles zu übersetzen und wenn sie ein Wort auf Polnisch nicht kannte, fragte sie mich, wie es* lautet. Den neuen Schulwortschatz konnte sie nicht mehr auf Polnisch umsetzen. Es fehlten ihr die Namen der Schulartikel, Unterrichtsfächer und mathematischen Begriffe. In ihren Äußerungen verwendete sie also deutsche Bezeichnungen, die ich langsam und geduldig ins Polnische übersetzte. Wir nannten also den Sport ‚WF‘, die Handarbeit ‚ZPT‘, und die Klassenarbeit wurde zu ‚klasówka‘ umgewandelt. Nach einer gewissen Zeit eignete sich meine Tochter diesen Wortschatz an und gibt sich jetzt Mühe, ihn immer zu verwenden.

Etwas größere Probleme gab es in den höheren Klassen mit der Benennung von Noten. In Polen gibt es nämlich ein umgekehrtes Notensystem: die Fünf ist die beste Note, die Eins die schlechteste. Jedes Mal, wenn sie eine Eins nach Hause brachte und sie mir aus Versehen nicht ins Polnische übersetzte, war ich sehr traurig, da ich dachte, sie hätte eine Klassenarbeit vermasselt oder eine Prüfung nicht bestanden. Manchmal sagte sie aus Spaß, dass sie eine Fünf bekommen hätte, wartete meine Reaktion ab, fing an zu lachen und rief: „Eine polnische!“.

Es kommt aber vor, dass ANJA es eilig hat oder sehr aufgeregt ist und mir etwas schnell erzählen möchte, was sie sehr tief berührt. Dann vergisst sie sich und mischt ihren Erzählungen deutsche Wörter oder Phrasen bei. Ich gehe darauf ein, übersetze sie nebenher und bitte sie immer, das Ganze auf Polnisch zu wiederholen. Fast immer wiederholt sie es von sich aus.

Als ANJA in der ersten Klasse war, fing sie an, mit ihrer besten polnischen Freundin KASCHA nur auf Deutsch zu reden. Früher, als sie noch im Kindergarten waren, erzählten sie sich ihre Erlebnisse am Telefon fast immer ausschließlich auf Polnisch. In der Schule änderte sich ihr Kommunikationsstil. Das Deutsche beherrschte die beiden Mädchen. Es tauchte in allen ihren Äußerungen auf und wurde dominierender und selbstständiger als zuvor. Sogar ANJAS jüngere Schwester, damals noch ein Kindergartenkind, wunderte sich, dass ANJA so ‚unschön' spricht, dass sie Fehler macht und das Polnische mit dem Deutschen vermengt. JULIA korrigierte sie oft, indem sie ihr polnische Wörter vorsagte. Sie machte es spontan und fehlerfrei.

JULIA ist sehr gesellig und hört deshalb gern bei meinen Gesprächen mit ANJA zu. Mit großer Freude nimmt sie an allen unseren gemeinsamen Spielen teil. Früher, als sie noch nicht in die Schule ging, saß sie mit uns am Tisch und half bei den Hausaufgaben, malte für ANJA Bilder aus oder schnitt Buchstaben aus der Zeitung aus. JULIA ist sehr fleißig und kann konzentriert über eine längere Zeit alles um sich herum beobachten. Bei den Arbeiten zu Hause ist sie sehr ausdauernd und genau. Sie kann stundenlang Plätzchen ausstechen und sie danach noch dekorieren. Sie begreift alles sehr schnell und kann sich viel Neues merken. Sie hört auch aufmerksam zu, wenn ich ANJA anspreche, wie ich ihr die Bezeichnungen der Unterrichtsfächer und anderer mit der Schule verbundener Begriffe ins Polnische übersetze. Deshalb benennt sie sie ohne Probleme in ihren Aussagen auch in dieser Sprache.

Es kommt natürlich auch vor, dass sie vergisst, wie ein Wort zu übersetzen ist und es auf Deutsch benennt. Es ist ihr aber bewusst, dass es noch ein anderes Wort gibt, welches sie verwenden sollte. Sie schaut mich dann an und wartet ab, dass ich es ihr vorgebe. JULIA weiß, dass sie nicht ‚Montag', sondern ‚poniedziałek' sagen soll, es kommt aber vor, dass sie sich dieses Wort nicht schnell und natürlich ins Gedächtnis rufen kann, deswegen sagt sie es auf Deutsch.

Hausaufgaben
Gemeinsames Erledigen der Hausaufgaben in den ersten Grundschuljahren hat einen sehr positiven Einfluss auf den

Erwerb der Lerngewohnheiten. Es geht nicht darum, dass die Eltern für die Kinder denken und ihnen ihre Arbeit abnehmen sollen, sondern darum, dass sie beim Lösen schwieriger Probleme anwesend sind und mit Rat und Tat zur Seite stehen. Kinder brauchen bei der Erklärung der Anweisungen für eine Aufgabe oft Hilfe von den Eltern. Die Anleitungen sind oft umständlich formuliert und für kleine Kinder nicht immer verständlich beschrieben. Zweisprachige oder ausländische Kinder brauchen Hilfe von den Eltern, die ihnen neue, fremde, schwierige oder auch noch nicht ganz beherrschte Begriffe in die Muttersprache übersetzen. Auf diese Weise erleichtern die Eltern und beschleunigen gewissermaßen bei ihren Kindern den Prozess des Denkens in der Fremdsprache. Die Kleinen brauchen die geistige Unterstützung der Mama oder des Papas, die oder der mit am Tisch sitzt und sie zum schwierigen Lernen motiviert und anregt. Dadurch gewinnen sie an Selbstsicherheit und außerdem erhalten sie von den Eltern immer wertvolle zusätzliche Informationen, die über die trockenen Inhalte des Schulwissens hinausgehen.

Mathematik

Es ist eine weit verbreitete Meinung, dass die mathematische Sprache der zweisprachigen Kinder die Schulsprache ist. Weil sie diese Sprache alltäglich benutzen, wird sie schnell zu ihrer führenden Sprache. Deshalb ist es die Sprache, in der die Kinder am schnellsten, am leichtesten und mit den wenigsten Fehlern rechnen und mathematische Aufgaben lösen. Dieselben Aufgaben in der zweiten Sprache zu lösen, stellt für die meisten Schüler ein Problem dar. Die Bildung des mathematischen Denkvermögens hängt von der individuellen Veranlagung ab, deshalb ist es besser nur eine Sprache zu verwenden, um dem Kind zu helfen und es nicht zu verwirren. Ausländische Eltern, die ihren Kindern bei den Hausaufgaben helfen wollen, treffen oft auf Schwierigkeiten, die mit den deutschen Begriffen zu tun haben, die zwar die gleiche Vorgehensweise darstellen, sie aber anders benennen. In der ersten Klasse der Grundschule gibt es Definitionen wie: ,Umkehr-, Tausch- oder Nachbaraufgaben'. Da die deutsche Benennung nicht unbedingt mit der Benennung in einer anderen Sprache übereinstimmt, müssen die Eltern sie in ihre Muttersprache übersetzen oder die entsprechende Lehrkraft um Hilfe bitten, damit sie die Aufgabe dem Kind bei Problemen erklären kann.

Auch für die Lehrkraft ist es manchmal schwierig abzuschätzen, ob für die Kinder alles klar ist. Ob sie genau verstehen, was die Schulbegriffe in den Fächern Deutsch, Mathematik oder Heimat- und Sachkunde genau bedeuten. Auch wenn die Kinder sie bereits im Unterricht gelernt haben, müssen sie nicht immer sprachlich hundertprozentig verstanden werden. Vielleicht sind manche Begriffe so kompliziert, dass sie es unmöglich machen, dem Unterricht zu folgen. Die Kinder haben dann große Schwierigkeiten, die Aufgaben richtig zu lösen und die Hausaufgaben korrekt anzufertigen. Dazu kommen noch Probleme, die Fragen und Aufgabenstellungen bei den Klassenarbeiten und Schulaufgaben fehlerfrei zu beantworten oder überhaupt zu verstehen.

Liebe Eltern,
sprecht oft mit euren Kindern, fragt sie, ob sie im Unterricht alles verstehen, ob es etwas gibt, was ihnen Schwierigkeiten bereitet. Besucht die Sprechstunden der Lehrkräfte und sprecht sie an, falls für euch manche Begriffe und Bezeichnungen neu, unklar oder unverständlich erscheinen. Nur wenn ihr Bescheid wisst, könnt ihr euren Kindern hilfreich beistehen, ihnen bei den Hausaufgaben helfen und sie dementsprechend auf die Klassenarbeiten vorbereiten.

Es gibt auch sprachlich begabtere Kinder, für die es kein größeres Problem darstellt, einfache Rechenaufgaben parallel in zwei Sprachen zu lösen. Bei schwierigeren Aufgaben jedoch, zwischen dem dritten und dem vierten Schuljahr, reichen die bisherigen sprachlichen Fähigkeiten nicht mehr aus und es kommt immer häufiger zu Unsicherheiten.

Um einem Kind beim Aufenthalt im Heimatland der Eltern das Kaufen oder Besorgen einer Kinokarte zu erleichtern, wäre es von Vorteil, ihm das Addieren und Subtrahieren im Zahlenraum von 1 bis 100 auch in der Muttersprache beizubringen. Dies geht ohne größere Probleme.

Andere Fächer

Alle ausländischen Eltern sollen die Methode ausprobieren, die meisten Begriffe aus dem Bereich des Schulwissens und der einzelnen Fächer in die eigene Muttersprache zu übersetzen. Dabei gibt es unterschiedliche Resultate. Alles hängt von der Begabung des Kindes und seiner individuellen Sprachentwicklung ab. Am Ende entscheidet jeder selbst, wie zu verfahren ist. Am wichtigsten ist, dass das Kind beim Lernen auf keinen Fall gehindert, sondern immer positiv unterstützt wird.

Wenn man das Schulwissen des Kindes abfragt oder es auf eine Schulaufgabe vorbereitet, ist es besser und leichter für das Kind, wenn man die Fragen in der Schulsprache stellt und dabei den von den Lehrern vorausgesetzten Wortschatz anwendet. Dann gilt es, die fremdsprachliche Antwort zu akzeptieren.

Es kommen aber auch sehr schwierige Fragestellungen vor, zum Beispiel im Bereich der Grammatik oder Heimat- und Sachkunde. Der fremdsprachige Elternteil versteht oder kennt sie nicht und kann dem Kind deshalb nicht helfen. Da die Eltern eine Autorität darstellen, sollten sie es nicht dabei belassen, dass sie es nicht wissen. Günstiger wäre es, sich das Neue einzueignen, im Internet nachzulesen oder eine nahe stehende

Person um Hilfe zu bitten. Wenn man selbst ein bestimmtes Thema versteht und begreift, ist man ohne größere Schwierigkeiten in der Lage, es dem Kind auf eine verständliche Weise begreiflich zu machen. Auch wenn man während der Erklärung oder beim Lösen einer Aufgabe muttersprachliche Begriffe verwendet, wird das Kind alles verstehen. Das Ziel ist, dass es den Kern der Sache versteht. Die Kommunikationssprache spielt hier keine übergeordnete Rolle. Es ist ein wenig so, als wenn man ein Fahrzeug beschreiben würde, indem man es einmal als einen Wagen und einmal als ein Auto bezeichnet.

Als ich meiner Tochter in der zweiten Grundschulklasse bei den Deutschaufgaben half, erklärte ich ihr den Begriff ‚Substantiv‘. Da es sich für mich irgendwie verkehrt anfühlte, mit ihr ausschließlich Deutsch zu reden (sogar Anja selbst mochte es auch nicht und ließ es nicht zu), erklärte ich ihr die ganze Problematik auf Polnisch und um es ihr leichter zu machen, ersetzte ich nur die Bezeichnung „rzeczownik" durch das deutsche Substantiv. Leider klang das Ganze etwas seltsam und nicht ganz klar. Ich übersetzte das Wort Substantiv als „rzeczownik" und fuhr fort, indem ich nur noch das polnische Wort verwendete. Meine Tochter akzeptierte dies und nach einer Weile verstand sie ohne Weiteres die Bedeutung und den Hintergrund des Wortes.

Erwachsene Nicht–Zweisprachige

Es gibt Erwachsene, die mit einer gewissen Traurigkeit zugeben, dass sie ihre zweite Sprache zu wenig kennen. Theoretisch hätten sie zwar die Möglichkeit beide Sprachen zu erlernen, aber es funktionierte in der Kindheit nicht. Entweder nahmen die Eltern ihre Aufgaben als Sprachlehrer nicht wahr oder die Kinder lehnten die zweite Sprache ab und beantworteten in der

Umgebungssprache. Die Nicht-Zweisprachigen können nicht schreiben, da sie sich in der Rechtschreibung nicht gut auskennen. Sie haben Schwierigkeiten fließend zu lesen, weil sie die Schriftsprache nur wenig beherrschen. Ihr Wortschatz ist sehr gering oder ist auf einem Kinderniveau stehen geblieben, und so können sie sich nicht frei ausdrücken. Sehr oft machen sie auch Fehler bei den Flexionsendungen. Dies alles verursacht, dass sich die Menschen halbsprachig nennen. Sie trauen sich nicht, die zweite Sprache bei Gesprächen mit Landsleuten anzuwenden, um sich nicht zu blamieren. Den meisten geht es nicht gut dabei und sie träumen davon, diese Lücken aufzuarbeiten – irgendwann, vielleicht während des Studiums oder beim Besuch eines Sprachkurses. Dies ist jedoch sehr schwer und braucht viel Zeit und Geduld.

Seit mehreren Jahren unterrichte ich Polnisch an der Volkshochschule. Meine Kurse besuchen Menschen, die aus verschiedenen Gründen meine Muttersprache lernen wollen. Eine Gruppe von ihnen bilden Teilnehmer, die ihre Polnischkenntnisse ,auffrischen' möchten. ,Auffrischen' bedeutet oft alles neu zu lernen. Viele von ihnen sind als Kinder mit zehn oder fünfzehn Jahren mit ihren Eltern nach Deutschland gekommen. Sie haben gleich angefangen, die deutsche Schule zu besuchen und neue deutsche Freundschaften zu schließen. Die Eltern wollten ihnen unbedingt helfen, die neue Sprache so schnell wie möglich zu lernen und haben beschlossen, von einem Tag auf den anderen, sie auf Deutsch anzusprechen. Viele Eltern konnten bereits Deutsch.

Von Anfang an müssen meine Teilnehmer an ihrer Aussprache arbeiten, lesen lernen und Wörter aufschreiben. Viele müssen sich viel Mühe geben, die anderen wundern sich, dass viele Sachen gar nicht neu für sie sind und dass sie sie irgendwie verstehen und von irgendwoher kennen. Sie freuen sich, die

Sprache wieder sprechen zu können. Viele machen den Eltern Vorwürfe, dass sie die Pflege der polnischen Sprache vernachlässigt haben.

10 Sonstige Probleme

Welche Schwierigkeiten erleben Eheleute aus unterschiedlichen Kulturen?

Unterschiedliche Weltanschauungen

Menschen, die eine Familie gründen wollen, und auch Heiratswillige aus zwei verschiedenen Kulturen und Sprachgemeinschaften stehen vor einer schweren Entscheidung. Sie machen sich Sorgen, ob ihre Partnerschaft eine Chance hat, ob sie in der Lage sein werden, die Unterschiede zu überwinden. Die beiden Partner sind nämlich an weit voneinander entfernten Orten aufgewachsen und wurden von Eltern erzogen, die unterschiedliche Wertesysteme pflegten. Deswegen kann ihre Wahrnehmung der Welt und der Menschen sehr unterschiedlich sein. Damit also die neue Familie glücklich wird, müssen sich die beiden Partner gegenseitig auf eine gewisse Flexibilität im Denken und Handeln einlassen.

Bei der Eheschließung oder vielleicht schon lange davor sind sich die jungen Eheleute trotz aller Liebe bewusst, dass sie es im weiteren gemeinsamen Leben nicht leicht haben werden. Sie wissen, dass sie unterschiedliche Mentalitäten haben, dass sie die Welt anders sehen, ungleich denken und differenziert reagieren. Sie wurden verschiedenartig erzogen und für jeden ist etwas anderes im Leben wertvoll. Sie haben andere Essgewohnheiten und erleben feierliche Anlässe auf unterschiedliche Art und Weise. Sie wissen das alles genau und verlangen, um ihrer Partnerschaft eine Chance zu geben, von Anfang an viel von sich selbst. Sie versuchen den Partner so zu akzeptieren und so sein zu lassen, wie er ist. Insbesondere zu Beginn der Partnerschaft beobachten sie sich gegenseitig genau und lernen viel voneinander. Sie sind bereit nachzugeben, um Streitereien zu vermeiden. Sie versuchen klar zu beschreiben, was sie im Moment fühlen und vor allem reden sie viel miteinander. Sie öffnen sich dem Partner und kommunizieren.

Aus meinen Beobachtungen geht hervor, dass Eheleute aus kulturell gemischten Familien bewusster ständige Kompromissbereitschaft lernen. Das heißt, die Fähigkeit zu entwickeln, einen Teil der Erwartungen und Ansprüche zugunsten des Partners zurückzustecken. Sie versuchen im günstigen Fall, ihre Meinungen gegenseitig zu akzeptieren, lernen zuzuhören, öffnen sich für das Neue und versuchen, es zu verstehen. Die Ehepartner lernen sich ständig neu kennen und genau dies ist der beste Weg zum Fortbestand ihrer Beziehung.

Kinder in solchen Familien nehmen tagtäglich an dem Prozess gegenseitiger Auseinandersetzung und Anpassung ihrer Eltern teil. Sie begegnen ständig unterschiedlichen Reaktionen von Mama und Papa auf dieselben Sachverhalte und ziehen schnell ihre Schlüsse. Sie beobachten, wie die Eltern, obwohl sie selbst unterschiedlich erzogen wurden, den Kindern den richtigen Weg für ihre Entfaltung zu weisen suchen. Sie lernen, wie man im Leben handeln soll, um immer eine erfolgreiche Verständigung zu erreichen.

Kinder aus zweisprachigen Familien wissen auch, dass ihre Großeltern ihnen unterschiedliche Vorbilder, Einstellungen und Werte vermitteln. Sie spüren die Besonderheiten und lernen sie zu schätzen. Wichtig für Kinder ist nicht nur die Vermittlung der unterschiedlichen Sprachen. Von großer Bedeutung ist die Tatsache, dass die Oma und der Opa viel von der anderen Kultur und der weit entfernten zweiten Heimat erzählen können. Das heißt, auch die Großeltern haben einen Anteil daran, dass die Kinder eine Identität und ein soziales Bewusstsein entwickeln.

Übermittlung der eigenen Muttersprache

Eltern in bikulturellen Familien sind nicht nur Erzieher, die ihren Kindern Ziele und Werte fürs Leben vermitteln. Sie sind auch Sprachlehrer und zwar nicht von einer, sondern von zwei Sprachen zugleich. Beide haben die Pflicht, den Kindern ihre jeweilige Muttersprache korrekt beizubringen: der Vater ist für seine Sprache verantwortlich und die Mutter für ihre.

Unter gewöhnlichen Umständen lernt ein Kind die Umgebungssprache kennen, indem es sie von allen Seiten aufnimmt: durch Zuhören und das Imitieren der Eltern, Großeltern und Erzieher sowie durch die Medien und intensive Kontakte mit der Umwelt. In Familien, in denen ein Elternteil die Sprache der Umgebung spricht, verläuft die sprachliche Erziehung in dieser Sprache deshalb viel leichter und irgendwie ‚nebenbei‘.

In einer schwierigeren Situation befindet sich jener Elternteil, der die ortsfremde Sprache spricht. Mit der Entscheidung zur zweisprachigen Erziehung entsteht für ihn eine wichtige und zugleich schwere Aufgabe. Diese Person muss dem Kind alleine, ohne Beistand und in voller Verantwortung ihre Muttersprache beibringen. Die Kinder sollen nicht nur die Sprache sprechen, verstehen und beim Spielen verwenden, Bücher lesen und Briefe an Großeltern schreiben. Zum Elterntraum gehört es auch, dass die Kinder in dieser Sprache fühlen, lieben und Sehnsucht empfinden. Die Verwirklichung dieses Ideals ist sehr schwer und nicht immer möglich.

Der fremdsprachige Elternteil, der sich mit den Kindern in der eigenen Muttersprache unterhält, trifft im täglichen Leben auf viele Beschwerlichkeiten. Diese Hindernisse müssen immer wieder überwunden werden. Wenn er mit dem Kind in der Öffentlichkeit kommuniziert, wird er von der Umgebung als ein Fremder wahrgenommen. Immer wieder zieht er die Aufmerksamkeit anderer auf sich, egal, wo er sich gerade befindet: im Bus, im Laden oder dem Wartezimmer eines Arztes. Die einheimischen

Einwohner betrachten ihn nicht selten als einen Sonderling, der von der Masse abweicht. Ein fremdsprachiger Vater oder eine fremdsprachige Mutter ist nicht bloß ein anonymer Mensch, den niemand kennt und für den sich niemand interessiert. Es ist eine seltsame Person, die sich bewusst den herrschenden Regeln nicht unterwirft, unter anderem der, dass man in einem Land eine bestimmte gemeinsame Sprache zu sprechen hat.

Urlaubsplanung

In zweisprachigen Familien plant man mindestens einmal pro Jahr eine Reise in das Land des ausländischen Elternteils, um die Familie und Verwandtschaft zu besuchen sowie mit dem Ziel, dass die Kinder die zweite, schwächere Sprache trainieren und verbessern. Der fremdsprachige Elternteil vermisst seine Muttersprache und wünscht sich meistens, solange wie möglich im Herkunftsland zu bleiben. Der Ehepartner verbringt aber die wertvollen Urlaubstage nicht immer gern bei den Schwiegereltern oder Verwandten. Er möchte auch woanders hinreisen und nicht immer an denselben Ort.

In binationalen Familien wird dieses Problem immer wieder auftauchen und es wird deswegen immer wieder zwischen den Ehepartnern zu Unstimmigkeiten kommen. Immer wird einer der beiden Partner benachteiligt sein: der eine dadurch, dass der Besuch gekürzt wird, der andere, indem er wieder an denselben Ort fährt oder allein zu Hause bleibt. Es ist eine sehr heikle Angelegenheit, die beiden Seiten viel Toleranz, Feingefühl, Verständnis für die Sehnsucht des Anderen und vor allem Liebe abverlangt.

Der Partner versteht die Sprache des Ehepartners nicht

Das häufigste Problem in bikulturelle Ehen, das zu vielen Missverständnissen führt, ist, dass der Ehepartner die Sprache des geliebten anderen Menschen nur unzureichend beherrscht. Es gibt Familien, in denen die Partner ihre jeweiligen Muttersprachen gegenseitig nicht sprechen. Seitdem sie sich kennen, benutzen sie bei der Kommunikation eine andere, eine dritte Sprache, meistens ist es Englisch, das beide einigermaßen gut beherrschen. Wenn beide Partner in Deutschland wohnen und einer von ihnen deutschsprachig ist, verständigt sich der andere nach einer Weile auch in dieser Sprache, da er ‚gezwungen‘ wird, mit ihr zu leben. Er oder sie erlernt die Sprache so gut, dass die Eheleute nun bald zu Deutsch als gemeinsamer Kommunikationssprache wechseln.

Auch der deutschsprachige Partner möchte die Sprache des anderen erlernen. Durch das Beherrschen der Sprache möchte er die geliebte Person umfassender kennen lernen und ihre Kultur und Mentalität intensiver verstehen. Im Idealfall besucht er einen Abendkurs an einer Sprachschule, fährt oft mit in das Land, wo die Sprache gesprochen wird und lernt gern Menschen kennen, die diese Sprache sprechen. Irgendwann beherrscht er die Sprache des Partners so weit, dass er imstande ist, an einfachen Tischgesprächen teilzunehmen.

Oft ist das aber gar nicht so leicht. Es gibt nämlich viele Faktoren, die einen daran hindern, beim Erlernen der Sprache des Ehepartners so weit zu kommen, dass man sie mühelos verwenden kann.

Individuelle Sprachbegabung

Die entscheidende Rolle für eine ausreichende Beherrschung einer Fremdsprache kommt der individuellen Eignung und Begabung des Lernenden zu. Obwohl die Fähigkeit zum Teil angeboren ist, kann man sie weiter entwickeln und durch systematische Arbeit vertiefen. Es gibt begabte Menschen, die sich im Nu neue Inhalte aneignen. Auch das Erlernen einer großen Anzahl neuer Vokabeln stellt für sie kein größeres Problem dar. Die sprachlich talentierten Schüler können die neu erlernten Begriffe über längere Zeit in Erinnerung behalten und wenn sie diese für die Kommunikation brauchen, rufen sie sie sich leicht ins Gedächtnis. Diese Menschen können die meisten neu erlernten Strukturen richtig und fehlerfrei anwenden und sie ohne Schwierigkeiten genau in ihre Aussagen integrieren.

Andere Menschen wiederum eignen sich die nötigen Sprachfertigkeiten nur langsam und mit großer Mühe an. Durch systematische und gründliche Arbeit beherrschen sie mit großen Schwierigkeiten komplexe Strukturen, komplizierte Grammatikregeln und den neuen Wortschatz. Mühsam entwickeln sie die wichtigsten Sprachfertigkeiten, die korrekte Aussprache und Intonation, richtige Ausdrucksweise und das problemlose Verstehen gesprochener Sprache. Die Anstrengung, die Zeit und der Arbeitsaufwand, die sie in das Erlernen der Sprache investieren, steht jedoch in keinem Verhältnis zu den Ergebnissen, die dabei herauskommen. Deshalb verzichten die zu dieser Gruppe gehörenden Partner bald auf eine weitere Ausbildung in der Sprache des Lebensgefährten. Ihnen bleibt im Leben nur die Rolle eines passiven Zuhörers.

Die Sprachverwandtschaft

Die Fähigkeit, eine Sprache schnell zu erlernen und sie korrekt zu verwenden, hängt auch davon ab, zu welcher Sprachgruppe diese Fremdsprache gehört. Es ist für einen Deutschen leichter, eine andere germanische Sprache wie Schwedisch zu erlernen als beispielsweise Türkisch. Ein Tscheche, dessen Muttersprache zur slawischen Gruppe gehört, erlernt Kroatisch schneller als Spanisch, das zu den romanischen Sprachen gehört.

In bikulturellen Familien, in denen die Ehepartner Sprachen verschiedener Sprachgruppen verwenden, beherrscht oft nur eine der Personen die Sprache des Ehepartners. Meistens ist es der ausländische Partner, da er ‚gezwungen' wird, die Umgebungssprache zu lernen, um am gesellschaftlichen Leben und Geschehen des Landes teilnehmen zu können und um einen Beruf ausüben zu können.

Ein Ungar, der in Deutschland wohnt und arbeitet, erlernt die Regeln der deutschen Sprache schneller und leichter als seine deutsche Frau die ungarische Sprache. Wenn sie beide zu Hause in Deutschland Deutsch sprechen, hat die Frau weder die Gelegenheit noch die Motivation, die Sprache ihres Mannes zu lernen. Ungarisch ist nämlich nicht die Umgebungssprache, gehört zu einer anderen Sprachfamilie als Deutsch und ungarische Kurse werden an einer Sprachschule nur selten angeboten. Der Mann wird aber das Deutsche schneller beherrschen, da er mit dieser Sprache stets zu tun hat. Die deutschen Schwiegereltern und die Verwandten werden fröhlich und glücklich darüber sein, dass sich der ungarische Schwiegersohn so gewandt im Deutschen ausdrückt. Aber was soll die ungarische Familie in Ungarn machen, die auch die deutsche Schwiegertochter kennen lernen und sich mit ihr verständigen möchte, was aber verbal fast unmöglich ist?

Wesentlich erscheint, dieses Problem des Sprachenlernens der ungarischen Familie genau zu erklären; versuchen zu beschreiben, wo die Schwierigkeiten liegen und warum es für die Schwiegertochter nicht leicht ist, Ungarisch zu sprechen. Alle ungarischen Verwandten sollen ihre sprachlichen Mängel akzeptieren sowie mögliche Probleme annehmen, die mit dem Erlernen des Ungarischen zusammenhängen. Wenn die deutsche Schwiegertochter den Urlaub in Ungarn verbringt, sollen sich die Verwandten bemühen, langsam zu sprechen, um ihr das Verstehen schwieriger Formulierungen zu erleichtern. Nach einer gewissen Zeit wird sie in der Lage sein, sich zumindest ein wenig an den Familiengesprächen zu beteiligen.

Motivation und Zeit

Die Motivation und die Zeit, die man der Sprache des fremdsprachigen Partners widmet, spielen in ihrer Beherrschung eine Hauptrolle. Wenn die Lust und der Eifer zum Lernen vorhanden sind, kann man viel erreichen. Der Wunsch, eine neue Sprache kennen zu lernen, kann sehr groß sein. Doch der Traum kann wie eine Seifenblase zerplatzen, wenn man auf Schwierigkeiten stößt.

Als Dozentin für Polnisch kann ich sagen, dass das Interesse an meiner, in Deutschland eher selten unterrichteten Sprache, von Jahr zu Jahr zunimmt. Für das Anfängerniveau schreiben sich viele Personen ein, die die Sprache aus verschiedenen Gründen lernen wollen. Viele von ihnen haben polnische Bekannte oder Freunde, viele arbeiten mit Ausländern zusammen, manche sind polnischer Herkunft und wollen die zum Teil vergessene Sprache wieder auffrischen. Alle sind mutig und lernbegierig, doch nach einigen Unterrichtsstunden verlieren viele den Mut zum weiteren Lernen. Die Ursache hierfür sind Schwierigkeiten mit der Beherrschung der polnischen Aussprache, die schwer erlernbaren Vokabeln und die ziemlich komplizierte Grammatik.

Am meisten fehlt es aber an der Zeit, die man unbedingt investieren müsste, um sich den im Unterricht gelernten Stoff anzueignen – hier ein Beispiel aus meinem Bekanntenkreis.

CHRISTINE, meine deutsche Freundin, ist mit einem Franzosen verheiratet. Sie wohnen in Heidelberg. Am Anfang ihrer Freundschaft meldete sie sich zu einem Französischkurs an, der am Sprachzentrum der Universität angeboten wurde. Den Unterricht besuchte sie regelmäßig, zweimal wöchentlich einige Semester lang bis zur Magisterprüfung. Nach dem Studium fing sie mit der Arbeit in einer großen Firma an. Sie verließ das Haus am Morgen und kam erst spät am Abend zurück, deshalb fehlte ihr die Zeit, um weiter Französisch zu lernen und das bereits Erlernte zu festigen. Hinzu kam auch ein Motivationsdefizit. Mit ihrem Ehemann verständigte sie sich auf Deutsch, bei Frankreichbesuchen konnte sie problemlos auf Französisch Brot beim Bäcker kaufen oder Mittagessen in einem Restaurant bestellen. Dazu reichten die Sprachkenntnisse aus, die sie bereits hatte.

Nachdem ihr Sohn zur Welt kam, hatte das weitere Lernen dieser Sprache kaum noch Sinn. Pierré beherrscht nämlich beide Sprachen, Deutsch und Französisch, so gut, dass er ihr jederzeit alles schnell und gewandt übersetzen konnte. In Frankreich hatte sie immer zwei Dolmetscher parat, einerseits ihren Mann, andererseits ihren Sohn. Die Schwiegereltern konnten sich auch ein bisschen auf Deutsch verständigen, also hatte sie eigentlich keine größere Motivation, um weiter zu lernen.

In sprachlich gemischten Familien, wo beiden Elternteilen jeweils eine Sprache zugewiesen ist, befindet sich der Elternteil, der die Sprache des Partners nicht ausreichend versteht, in einer schwierigeren Lage. Dies betrifft auch andere meiner Bekannten.

JAGODA ist Polin und spricht sehr gut Deutsch, ihr Mann MARKO ist Deutscher. Sie haben zwei Kinder, die beide Sprachen beherrschen. Während einer Unterhaltung oder beim Spielen mit den Kindern versteht meine Freundin alles, was ihr Mann zu dem Sohn und der Tochter sagt. Leider versteht MARKO nicht, was die Kinder zur Mutter sagen, da sein Polnisch nicht *gut genug ist. Der Vater, das Familienoberhaupt, versteht also gar nicht oder nur zum Teil den verbalen Austausch zwischen der Mutter und den Kindern.*

Für das Gleichgewicht in der Familie ist diese Situation sehr schwierig. Wenn Marko *einfachen Tischgesprächen zuhört, erfasst er zwar den Hauptinhalt oder er kann viel erraten, dies ist aber noch zu wenig, um sich an der Unterhaltung ohne Weiteres und problemlos beteiligen zu können.*

Am Anfang dachte der Mann meiner Freundin, dass er Polnisch zusammen mit den Kindern erlernen kann, wenn Jagoda *ihnen ihre Sprache beibringen wird. Leider war das nur in der Anfangsphase der Spracherziehung möglich. Als die Kinder schon ganz gut Polnisch verstehen konnten und es immer häufiger benutzten, war das Tempo ihrer Sprachentwicklung zu rasant, als dass* Marko *mithalten und parallel mit ihnen hätte lernen können.*

Ein kleines Kind erwirbt die Sprache auf eine andere Art und Weise als ein Erwachsener. Es eignet sich die schwierigen Strukturen der Sprache schneller und effektiver an und interessanterweise kann es sie im Großen und Ganzen exakt und einwandfrei anwenden. Der Mann meiner Freundin ist offen für Polnisch und versteht auch viel, aber das freie und ungezwungene Sprechen beherrscht er nicht.

Missverständnisse

Wenn die Kommunikation mit den nächsten Familienangehörigen in sprachlicher Hinsicht erschwert ist, kann sich die Person, die nicht alle Gesprächsinhalte versteht, ins Abseits gedrängt und isoliert fühlen. Weil sie am Leben der Familie nicht voll und ganz teilnehmen kann, empfindet sie oft keine Erfüllung, was ihre elterliche Rolle betrifft. Oft kommt es dadurch zu vielen Missverständnissen zwischen den Partnern, wenn die Intentionen des jeweils anderen nicht ganz verstanden werden.

Auch in der hier gerade oben erwähnten Familie kommt es manchmal zu Missverständnissen und Fehlschlüssen, die mit der täglichen Verwendung von zwei unterschiedlichen Sprachen zusammenhängen. Wenn JAGODA mit den Kindern etwas Wichtiges auf Polnisch vereinbart, wie zum Beispiel um wie viel Uhr sie vom Spielplatz nach Hause zurückkommen sollen, vergisst sie oft, dass ihr Mann diese Bestimmungen nicht verstanden hat. Meistens denkt sie nicht darüber nach, fragt ihn auch nicht, ob er Aufklärung benötige und nimmt es als Selbstverständlichkeit hin, dass auch für ihn alles klar ist. Einen Augenblick später ärgert sie sich, wenn sie hört, dass ihr Mann etwas völlig anderes von den Kindern verlangt.

Entfremdung

In sprachlich gemischten Familien kann es vorkommen, dass ein Elternteil im Abseits des Familienlebens steht, weil er keine ausreichenden Kenntnisse der Partnersprache besitzt. Diese Person kann sich dann entfremdet und gewissermaßen nutzlos vorkommen.

Bei den gemeinsamen Mahlzeiten in unserer Familie ist meist ein Elternteil der Zuhörer, während der andere eine Unterhaltung mit den Kindern führt. Entweder bespricht mein Mann mit ihnen eine Angelegenheit auf Deutsch oder ich berichte über etwas und wende mich an sie auf Polnisch. Wenn er spricht, höre ich zu und kann mich auch dem Gespräch anschließen, da ich Deutsch ganz gut beherrsche. Wenn aber ich etwas erzähle, kann mein Mann nur erraten, worum es geht und er versucht den 'roten Faden' zu erfassen. Die Kommunikation dieser Art ist sehr mühsam. Da ich in den Gesprächen mit den Kindern prinzipiell kein Deutsch verwende, spreche ich bei gemeinsamen Tischdiskussionen mit ihnen auf eine Art Polnisch, die es meinem Mann ermöglicht, auch das Gröbste zu verstehen, das heißt, ich spreche langsam und benutze einen klaren, einfachen Wortschatz.

Wenn sich in einer einsprachigen Familie eine Person an das Kind wendet, verstehen alle Familienangehörigen genau, worum es geht. Die Mutter kann sagen: „Marie, räume bitte den Tisch ab und bringe alles in die Küche und schüttle die Tischdecke aus." Nach einer solchen Aussage kann der andere Elternteil dann ergänzen: „Ach ja, und schalte die Spülmaschine ein!"
In unserer zweisprachigen Familie jedoch können wir denselben Inhalt nur auf unterschiedlichen Wegen kommunizieren.

Meist spreche ich direkt nur eine meiner Töchter an, zum Beispiel JULIA, indem ich sie anschaue und ihr meine Bitte mitteile. Dann übersetze ich die Mitteilung meinem Mann, damit er weiß, worum es geht. Es gibt jedoch Situationen, in denen ich nicht alles zweimal sagen möchte (meistens aus Mangel an Zeit) und dann wähle ich einen anderen Weg. Ich spreche JULIA nicht direkt an, sondern wende mich unmittelbar an meinen Mann, während ich meinen Blick auf ihn richte. Ich sage dann: „JULIA soll heute nach dem Abendessen alles in die Küche bringen und dann die Tischdecke ausschütteln." Da JULIA daneben sitzt, hört sie mit und versteht, was ich zu meinem Mann gesagt habe. Auf diese Weise vermeide ich, das Kind auf Deutsch anzusprechen, muss nicht dieselbe Information zweimal und in zwei verschiedenen Sprachen vermitteln. Es ist eine etwas kompliziertere, umschreibende Art mein Anliegen zu formulieren, die eine so genannte laterale Kommunikation darstellt.
Manchmal kommt es vor, dass ich diejenige bin, die im Abseits steht und sich gar nicht zu Wort meldet. Das passt dann,

wenn mein Mann auf Deutsch irgendein wichtiges Thema mit den Kindern bespricht. Dann höre ich nur zu, sage aber nichts, um die Kommunikation nicht zu erschweren.

Manchmal merke ich, dass es meiner Tochter während einer Unterhaltung mit mir schwerfällt, sich auf Polnisch frei aus- zudrücken. Sie sucht im Gedächtnis nach nötigen polnischen Wörtern, aber es tauchen immer nur deutsche Wendungen auf. Nach einigen Versuchen geht sie von mir weg und wen- det sich direkt an meinen Mann, um ihm auf Deutsch das zu erzählen, was sie mir auf Polnisch nicht erklären konnte. So ein Verhalten ist verständlich, aber für mich sehr schwer annehmbar. In solchen Situationen will ich meiner Tochter helfen und gebe ihr polnische Wörter vor, aber sie fühlt sich dann immer noch sehr unsicher. Sie weiß, dass sie sich ge- konnter ausdrücken sollte, aber in dem Moment ist sie nicht imstande, es selber zu tun. Sie braucht mehr Zeit zum Über- legen und ich als Mutter sollte immer daran denken. Ich muss mir immer Mühe geben, dies nicht zu vergessen und meine Tochter durch ständiges Vorgeben und Treiben nicht zu ent- mutigen.

Wie kann man dem Partner helfen, der die Sprache des Ehepartners nicht versteht?

• Man soll sich gegenseitig unterstützen und einander hel- fen.

• Akzeptieren, dass der Partner Probleme mit dem Erlernen der zweiten Sprache haben kann und sich nicht wundern, dass er etwas nicht weiß oder nicht versteht.

• Grundsätzlich alles immer für ihn übersetzen, um unnötige Missverständnisse zu vermeiden.

• Langsam und schrittweise ihn dazu anregen, Bezeichnun- gen aus der neuen Sprache laut zu wiederholen, damit sie ihm im Gedächtnis bleiben.

- Ihn möglichst oft in den Urlaub in das Land mitnehmen, wo alle diese Sprache sprechen.

- Die Kinder dazu anregen, Sprachlehrer für den Elternteil zu werden, der die andere Sprache nicht beherrscht und sie ihm spielerisch nahe zu bringen. Sie können einzelne Wörter übersetzen und ihn bitten, sie zu wiederholen sowie Bilder oder Gegenstände des alltäglichen Gebrauchs benennen lassen.

- Den Partner nicht zwingen, eine Sprache zu lernen oder sie zu gebrauchen, wenn dies für ihn zu kompliziert ist.

- Nicht allzu ernst nehmen, was die anderen zu diesem Thema sagen – die Familie oder die Bekannten, denn sie leben nicht mit einem fremdsprachigen Partner zusammen und haben keine Vorstellung von auftretenden Schwierigkeiten, die mit der Problematik verbunden sind.

- Nicht vergessen, eine freundliche und für alle Familienmitglieder stets angenehme Atmosphäre zu Hause zu pflegen, denn niemand darf sich entfremdet oder gar vereinsamt fühlen.

Die Umgebung versteht ‚uns' nicht

Sehr oft werden Auswanderern direkt auf der Straße oder in einem Geschäft sehr peinliche, unerwünschte und autoritäre Fragen gestellt, wie: „Warum sprechen Ausländer mit ihren Kindern eine fremde Sprache und nicht die Umgebungssprache? Sie haben sich doch entschlossen, hier zu leben, sollen sich also integrieren und sich mit den Kindern in der Umgebungssprache unterhalten". Es ist ein gewöhnliches, allgemeines Problem, dem Ausländer begegnen, die sich entschieden haben, sich mit ihren Kindern in ihrer Muttersprache zu verständigen. Wie soll man sich also in einem solchen Fall verhalten?

Die Einheimischen möchten, dass sich die Ausländer in ihrem Land wohl fühlen und sich schnell in das gesellschaftliche Leben integrieren, das heißt, sich ‚den sie umgebenden Normen anpassen und als ein harmonisches und gut funktionierendes Ganzes mit der Umgebung verschmelzen'. Das ist also gewissermaßen mit der Erwartung verbunden, dass Ausländer ihre Muttersprache teilweise oder ganz verwerfen, sie nicht mehr verwenden sowie ihre kulturellen Wurzeln abschneiden und vergessen sollten, woher sie auch kommen.

Dieses Phänomen ist in jedem Land gegenwärtig. Jeder kennt die Situation, wenn man auf der Straße oder an einer Bushaltestelle Ausländer sprechen hört. Wenn Einheimische ihren Gesprächen zuhören, fühlen sie sich oft etwas unsicher, vielleicht weil sie sie nicht verstehen und vielleicht weil sie nicht wissen, wie sie sich verhalten sollen. Dürfen die Einheimischen sie anschauen oder sollen sie sie nicht beachten, ist Anlächeln angebracht, oder wird das als Angriff empfunden?

Diese Auffassung der Einheimischen hat wiederum eine negative Einwirkung auf das Selbstwertgefühl der ausländischen Bevölkerung. Die Auswanderer fühlen sich dann ebenso unsicher und haben deshalb Probleme bezüglich der Auswahl der Kommunikationssprache zwischen ihnen und ihren Kindern. Oft spielt hier auch das Sprachprestige eine große Rolle.

Noch lange vor der Geburt meiner ersten Tochter entschloss ich mich, ihr die polnische Sprache beizubringen. Leider war ich zu diesem Zeitpunkt noch nicht so sehr selbstbewusst und hatte gewisse Schwierigkeiten, was die Akzeptanz meiner Herkunft anging. Bevor ich vollends Mut fasste, musste ich mir eins bewusst machen und anfangen, daran zu glauben: dass ich ein wertvoller Mensch bin, dass ich keine Probleme und keinerlei Befangenheiten habe, was meine Vergangenheit anbetrifft und dass ich mich meiner Muttersprache niemals schämen werde. Dies klingt vielleicht unverständlich für manche, aber das passiert oft. Ich war fest davon überzeugt, dass meine Kinder, wenn sie größer werden, es irgendwann merken würden, falls ich mich wegen meiner polnischen Herkunft verklemmt fühlen würde, mich meiner Sprache schämen würde und Angst hätte, sie laut und bewusst zu gebrauchen. Sie würden meine Bedenken wahrnehmen und sich ebenfalls unsicher fühlen, wenn sie Polnisch sprechen. Dies könnte zur Folge haben, dass sie alle polnischen Wurzeln zurückweisen und somit auch meine Sprache. Dies wollte ich auf keinen Fall riskieren.

Diese psychischen Selbstgefechte dauerten etwa zwei Jahre lang. Die Überzeugung, dass ich das Richtige tue, dass ich mir ein richtiges Ziel gesteckt habe, festigte sich, als Anja anfing, auf meine verbalen Aufforderungen zu reagieren und als sie laut, selbstbewusst und deutlich auf Polnisch antwortete. Dann durfte ich als Mutter auch nicht anders reagieren, als dass ich ihr zuhörte und daraufhin ihr auch etwas mitteilte.

Kinder geben den Eltern Mut

Meine Tochter erzählt mir immer wieder mit großem Selbstvertrauen und Stolz etwas auf Polnisch - auch in Anwesenheit deutschsprachiger Menschen. Mutig und selbstbewusst stellt sie mir irgendwelche eher belanglosen Fragen, während sie genau weiß, dass die anderen sie nicht verstehen können. Diese Situationen sind für mich meist etwas lähmend, da ich nicht immer weiß, wie ich mich verhalten soll. Sollte ich ihr ebenfalls auf Polnisch antworten oder vielleicht doch ins Deutsche wechseln? Dann wäre aber Schluss mit dem sprachlichen Prinzip ‚Eine Person, eine Sprache' und der Konsequenz. Was jedoch sollte ich tun, wenn meine Gäste am Tisch sitzen und mich anschauen, sichtbar in Erwartung einer bestimmten Reaktion? Natürlich übersetze ich dann die Frage ins Deutsche, obwohl sie meistens zu trivial ist, dass es fast peinlich wäre, sich mit der Angelegenheit länger zu befassen. In solchen Situationen befürchte ich, dass die anwesenden Gäste denken könnten, ANJA gebrauche absichtlich eine Geheimsprache, um etwas Verächtliches zu sagen. Ich glaube aber nicht, dass es meine Tochter böswillig meint. Ich denke, sie will ihr Territorium kennzeichnen, ihre Zugehörigkeit zu etwas Anderem und Besonderem, wozu nur sie, ihre Schwester JULIA und ich als ihre Mutter Zutritt haben. Oft fragte ich sie, weshalb sie es tut, sie kann es mir aber nicht erklären. Vielleicht will sie auf diese Art ihre Eigenständigkeit manifestieren?

Außer der Sprachbarriere zwischen den Einheimischen und den Auswanderern machen sich auch kulturelle Unterschiede bemerkbar, eine andere Weltanschauung, unterschiedliches Verhalten und ungleiche Einstellungen den anderen gegenüber. Man soll es nicht bekämpfen, sondern lernen, es zu akzeptieren und zu verstehen, wieso die anderen ausgerechnet so reagieren.

Das Problem der Kommunikation mit den Kindern in Anwesenheit von Menschen, die unsere Sprache nicht verstehen, kann und soll man differenziert betrachten und unter zwei unterschiedlichen Aspekten unterscheiden: Fremde und Freunde.

Fremde Menschen, denen man auf der Straße begegnet, müssen nicht wissen, worüber wir mit unseren Kindern sprechen. Es ist eine private Angelegenheit eines jeden Menschen und niemand ist verpflichtet, ein Gespräch mit seinem Kind für die Umwelt verständlich zu machen und die Konversation in die Umgebungssprache zu übersetzen.

Eine Freundschaft hingegen ist etwas, was gedeiht und volle Akzeptanz der jeweiligen Person voraussetzt. Bevor zwei Menschen zu Freunden werden, müssen sie sich kennen lernen und gegenseitig ihre Wertesysteme und Lebensziele begreifen und einsehen. Wenn es klappt, bleiben Freunde für immer Freunde. Dann werden ausländische Eltern anerkannt und sie werden es leichter finden, mit ihrem Kind in ihrer Sprache zu sprechen. Die anderssprachigen Zuhörer werden dann auf diese ‚verständnislosen' Situationen nicht mit Unverständnis, sondern angemessen reagieren können.

Den Bekannten und Freunden muss man durchaus die Problematik des Lebens im Ausland erklären, bekennen, dass man die Familie und den Klang der Muttersprache vermisst sowie viel über sich und das eigene weit entfernte Herkunftsland erzählen – darüber, wie unsere Landsleute dort denken, leben und sich verhalten. Man muss ihnen erklären, dass Menschen, die im Ausland leben, davon träumen, ihre Kinder in Zweisprachigkeit zu erziehen, damit sie das Herkunftsland der Eltern gut kennen lernen sowie die dort lebenden Großeltern und Verwandten verstehen und lieb haben können. Man muss bewusst machen, wie wichtig es für uns ist, dass unsere Kinder mit ihren Cousins und Cousinen ohne sprachliche Barrieren spielen können, und dass unsere Freunde aus dem Kindesalter, die wir immer noch lieb haben, unsere neue Familie kennen lernen und sich mit ihr ungehindert verständigen wollen. Man muss bekräftigen, dass die Vermittlung der Muttersprache an die Kinder eine Berufung und Lebensaufgabe eines im Ausland lebenden Elternteils darstellt.

Wenn wir unseren Bekannten den Sinn und Wert der zweisprachigen Erziehung unserer Kinder so genau erklären, werden sie es verstehen und akzeptieren. Sie werden unsere Freunde bleiben und sie werden stolz auf uns sein, und wer weiß, ob sie uns nicht sogar ein wenig beneiden werden.

Die einheimische Familie akzeptiert die zweisprachige Erziehung nicht

Zweisprachigkeit gehört zum gemeinsamen Schatz der heimischen Kultur, welche die beiden Ehepartner zusammen bilden.

Sie ist also ein unabdingbares Element jeder bikulturellen Familie. Alle zusammen, Kinder und Eltern, bilden und gestalten eine neue Tradition, die aus zwei verschiedenen Welten besteht, die bedeutet auf zwei Arten zu fühlen, zu reagieren und zu denken. Die Eltern vermitteln den Kindern die wichtigsten Werte, die man respektieren soll, und zu diesen gehört in der ersten Linie die Pflege und Förderung beider Sprachen.

Es ist am günstigsten, bereits noch vor der Eheschließung das Problem einer künftigen Zweisprachigkeit der Kinder anzugehen und zu diskutieren. Man sollte mit dem Partner und seiner Familie viel darüber sprechen. Man sollte sie schrittweise überzeugen, dass eine Unterhaltung zwischen dem Kind und seinem ausländischen Elternteil in der Muttersprache die einzige Möglichkeit darstellt, dem Kind beim Aufbau seines Selbst- und Weltbildes zu helfen und die richtige Verwendung dieser Sprache sowie die Grundlagen ihrer korrekten Aussprache zu vermitteln.

Dies ist auch der einzige Weg, um einem Kind die Gefühlssprache nahe zu bringen. Nur in der eigenen Sprache ist man in der Lage, alle Nuancen der Elternliebe zu äußern, den Stolz auf Errungenschaften, Freude, Traurigkeit oder Enttäuschung. Wenn wir aber mit dem Kind in einer Fremdsprache sprechen, berauben wir es um unsere Spontaneität und um diesen Teil unser Selbst, der untrennbar mit der Heimatsprache zusammenhängt.

Wenn ein Kind eine Sprache richtig beherrschen soll, wird es sie am besten von Menschen erwerben, die sie auf natürliche Art einsetzen. Man sollte ständig unterstreichen und erklären, dass die Unterhaltung mit dem Kind in einer für die anderen unverständlichen Sprache nicht darauf abzielt, irgendeine Art Geheimsprache zu kreieren und auf gar keinen Fall einer üblen Nachrede über Dritte dienen wird.

11 Zweisprachige Kinder sind ...

In diesem Kapitel will ich die Vorteile der Zweisprachigkeit aufzählen. Nach längerer Überlegung bin ich zu dem Entschluss gekommen, dass man sie nicht verallgemeinern kann. Schließlich ist es schwer zu beweisen, ob die Fähigkeit, das Verhalten und wie ein Kind ist, nun mit seiner Zweisprachigkeit, mit der Erziehung oder mit seiner Persönlichkeit etwas zu tun hat. Nicht alle zweisprachigen Kinder sind gleich, nicht alle reagieren auf ähnliche Weise. Jedes Kind ist ein Individuum.

Es gibt aber ein paar Aspekte, die ich bei meinen Kindern bemerke und bei vielen ausländischen Kindern beobachte.

1. Meine Kinder schließen in Polen ganz leicht neue Bekanntschaften und Freundschaften, da sie keine Sprachbarriere fühlen. Sie gehen offen auf die Kinder zu, sprechen sie an und beginnen mit ihnen zu spielen. Die Zweisprachigkeit gibt ihnen den Mut und die Sicherheit zum Handeln.

2. Wenn wir nach Polen fahren, werden die Kinder oft von den Verwandten und Bekannten wegen ihres anderen, unbekannten, aber irgendwie anziehenden Wesens bewundert und für ihre Sprachgewandtheit gelobt. Man kommt mit ihnen schnell in Kontakt und das freut sie sehr. Sie sind stolz auf sich und das stärkt ihr Selbstvertrauen und Selbstbewusstsein. Diese Charakterzüge, wenn sie nicht arrogant gebraucht werden, können im schulischen und beruflichen Leben von großem Nutzen sein.

3. Weil meine Kinder sehr viele unserer polnischen und deutschen Bekannten kennen und mit ihnen oft ins Gespräch kommen, erfahren sie viel von ihrem Leben, von der Art, wie sie denken, handeln und bei Schwierigkeiten reagieren. Sie lernen das Temperament und die Mentalität beider Kulturkreise kennen. Diese Menschenkenntnis kann ihnen später in

privaten, gesellschaftlichen und beruflichen Kontakten sehr helfen.

4. Wenn wir in Polen aus irgendeinem Grund zum Arzt gehen müssen oder die Kinder allein im Geschäft etwas einkaufen sollen, ist es für sie mit keinerlei sprachlichen Schwierigkeiten verbunden. In unerwarteten und für sie neuen Situationen kommen sie sprachlich gut zurecht. Wenn sie während eines Gesprächs ein konkretes Wort brauchen und es nicht parat haben, versuchen sie es mittels Umschreibungen auszudrücken. Sie sind erfinderisch und sprachlich sehr kreativ. Diese Begabung wird ihnen beim Erlernen anderer Fremdsprachen sehr behilflich sein.

5. Meine Kinder haben ein gutes Gedächtnis, da sie sich doppelt so viele Wörter merken müssen wie andere Kinder, die nur eine Sprache sprechen. Im Bereich des alltäglichen, familiären Wortschatzes kennen sie ‚eins zu eins‘ die meisten Entsprechungen im Deutschen und im Polnischen. Weil sie von mir eine Sprache hören und lernen und von meinem Mann eine andere, lernen sie schnell zwischen ihnen umzuschalten und sich auf zwei Ausdrucksweisen gleichzeitig zu konzentrieren. Von dieser Fertigkeit könnten sie im späteren Leben als Dolmetscher oder Übersetzer profitieren.

6. Manchmal sind meine Kinder ein großes Geheimnis für mich, aber nicht als Mama, sondern in meiner Eigenschaft als Einsprachige. Es gibt Situationen, in denen sie mich wirklich überraschen, weil sie anders als ich reagieren, auf eine unerklärliche Idee kommen oder auf etwas eine genaue, unerwartete Antwort haben. Ich glaube, es liegt daran, dass sie gute Beobachter sind und deswegen exakte Schlussfolgerungen ziehen können. Ich bin der Meinung, dass zweisprachige Kinder in sozialen Situationen besonders scharfsinnig sind.

7. Zweisprachige Kinder kommen im täglichen Leben mit zwei Kulturen in Berührung, entweder mit der Kultur der Mutter

oder des Vaters (in den Mischfamilien), oder mit der Kultur beider Eltern und der Umgebungskultur (in einsprachigen Familien). Diese Situation fordert ihnen Flexibilität ab, bringt aber auch viel Gutes mit sich. Die Kinder vergleichen alles genau und übernehmen intuitiv aus beiden Lebensweisen (Kulturen, Lebensstilen) die Weisheiten, die ihnen gefallen oder praktisch erscheinen und lehnen andere ab, von denen sie keinen Gebrauch machen können. Sie bilden etwas Neues, Eigenes, was ihr weiteres Leben prägen wird. Bikulturelle Kinder haben eine vorurteilsfreiere Weltanschauung.

8. Eine Zeit lang arbeitete ich in einer Grundschulklasse, die ausschließlich aus ausländischen Kindern bestand. Die Kinder kamen im Laufe des Schuljahres nach Deutschland – deswegen gab es in der Klasse viele Kinder, die unterschiedliche Deutschkenntnisse besaßen. Weil jedes Kind in der Klasse die gleichen Schwierigkeiten erleben musste (Adaptationsprobleme, Sprachprobleme, Gewöhnung an das neue Leben), hat keines von den ‚alten' Kindern je ein neues Kind ausgelacht oder verspottet. Es war eher umgekehrt. Kinder, die die gleiche Muttersprache sprachen, waren Übersetzer und ‚Lehrer' für die Neuankömmlinge, da sie schon lockerer und freier mit der deutschen Sprache umgehen konnten. Andere haben Mitgefühl gezeigt, bei der Erziehung mitgeholfen und sich gegenseitig unterstützt. Diese zweisprachigen Kinder haben eine hochentwickelte Empathie gezeigt.

12 Psycholinguistik

Zweisprachigkeit aus der Sicht der Psycholinguistik

Mit der Zweisprachigkeit befassen sich verschiedene Bereiche der Wissenschaft, die dieses Phänomen aus unterschiedlichen Blickwinkeln betrachten:

- Die Pädagogen beschäftigen sich mit der Zweisprachigkeit in Verbindung mit dem Prozess der Erziehung der Kinder in der Familie, im Kindergarten und in der Schule.
- Die Psychologen betrachten Zweisprachigkeit als eine Form der angeborenen und erworbenen Sprachfähigkeit eines Individuums.
- Die Linguisten (Sprachwissenschaftler) befassen sich mit der Zweisprachigkeit aus der Sicht der Sprachwissenschaft und untersuchen die Wege und Methoden des Spracherwerbs sowohl in einer natürlichen Umgebung als auch unter gezielter Anleitung.
- Die Soziologen sehen Zweisprachigkeit als einen kulturellen und sozialen Wert, der sich unter erfolgreichen (nützlichen) sozialen Umständen manifestieren kann.
- Die Neurologen untersuchen das Phänomen der gleichzeitigen Verwendung von zwei oder mehreren Sprachen hinsichtlich der Funktionsweise der Hirnstrukturen, die mit der Entstehung der Sprache zusammenhängen.
- Aus der Zusammenarbeit von Psychologen, Sprachwissenschaftlern und Neurologen entstand ein neuer Wissenschaftszweig – die Psycholinguistik (psycho- und engl. linguistics). Manchmal wird sie auch als die Psychologie der Sprache bezeichnet. Die Psycholinguistik ist die Wissenschaft von der menschlichen Sprachfähigkeit. Zum einen fragt sie nach dem Wissen über das ein kompetenter Sprecher einer Sprache ver-

fügen muss. Um sprechen zu können, reicht nicht nur die Kenntnis der Bedeutung einzelner Wörter. Der Mensch muss auch wissen, nach welchen Prinzipien diese Wörter zu Sätzen zusammengefügt werden können. Die Psycholinguistik untersucht auch, wie kleine Kinder das sprachliche Wissen erwerben und es später auch richtig anwenden. Zuletzt beschäftigt sich diese Wissenschaft auch mit der Frage nach den Aufgaben, die gemeistert werden müssen, um eine sprachliche Äußerung verstehen und produzieren zu können.

Das Gehirn

Das menschliche Gehirn besteht aus fast einer Milliarde Nervenzellen, die man aneinandergeknüpft 145-mal um den Äquator wickeln könnte. Es wird in unterschiedliche Bereiche gegliedert. Das Stammhirn steuert Herzfrequenz, Blutdruck und Atmung, das Zwischenhirn den Schlaf-Wach-Rhythmus, Hunger und Durst und das Kleinhirn das Gleichgewicht, Bewegungen und deren Koordination. Es gibt noch das Großhirn, das wie eine Walnuss aussieht und in zwei Hälften geteilt ist. Jede Hälfte spezialisiert sich auf bestimmte Aufgaben: die linke Seite ist für die Sprache und Logik verantwortlich, und die rechte für die Kreativität und den Orientierungssinn. Die äußerste Schicht des Großhirns steht für die Fähigkeit des Lernens, Sprechens und Denkens sowie des Bewusstseins und des Gedächtnisses. Dort laufen die Informationen aus den Sinnesorganen ein, werden verarbeitet und dann im Gedächtnis gespeichert.

Es gibt noch zwei wichtige Gebiete im Gehirn nämlich das Wernicke-Areal, das vor allem für das Verstehen von Sprache wichtig ist, und das Broca-Areal, das für die Produktion von Sprache, das Finden von Wörtern und das Bilden von Sätzen zuständig ist.

Die Sprache

Heutige Psycholinguisten glauben, dass man das Gehirn eines Menschen bereits in der frühen Kindheit auf die Mehrsprachigkeit vorbereiten kann. Mehrsprachigkeit bedeutet hier ein korrekter gleichzeitiger Erwerb von zwei oder mehreren unterschiedlichen Sprachsystemen. Diese Vorbereitung besteht in einer Bereicherung des Gehirns um neue Nervenverbindungen.

An der UNIVERSITÄT CORNELL im Bundesstaat New York wurde das Funktionieren des Gehirns bei zweisprachigen Menschen untersucht. Die amerikanischen Neurologen stellten fest, dass das Gehirn eines Menschen, der zwei Sprachen beherrscht, indem er beide seit der Geburt gleichzeitig von beiden Eltern hört, anders funktioniert als bei den Menschen, die die zweite Sprache erst nach dem Beherrschen der Erstsprache erlernten, also ungefähr nach dem dritten Lebensjahr.

Bei den Personen, die mit einer Sprache aufgewachsen sind, wird in den Neuronen nur ein einziges grammatisches, phonetisches und syntaktisches (Satzbau) System gespeichert. Wenn diese Menschen im späteren Alter anfangen, eine zweite Sprache zu erlernen, wird sie immer der ersten Sprache untergeordnet sein. Die Strukturen der zweiten Sprache werden das Gehirn nicht direkt erreichen können, sondern sie werden die Erstsprache immer als eine Verbindung (Zwischenstation) brauchen. Sie hat hier eine Rolle des Dolmetschers.

Unter der Anwendung von magnetischer Resonanz (Kernspintomografie) untersuchten die amerikanischen Wissenschaftler sehr genau die Broca- und Wernicke-Areale in den Gehirnen von ein- und zweisprachigen Testpersonen. Vor Beginn der Untersuchungen fragten sie die ausgesuchten Personen, in welchem Alter sie die zweite Sprache erlernt hätten. An der Studie teilnehmende Neurochirurgen kontrollierten den Blutverlauf in den zwei Arealen und kennzeichneten besonders aktive Zonen.

Sie konnten beobachten, dass bei zweisprachigen Kindern, die seit ihrer Geburt einen gleich intensiven Kontakt (seitens der Mutter und des Vaters) mit zwei Sprachen hatten, die beiden Sprachen in demselben Hirnareal aktiviert wurden – sehr nah aneinander. Die Beschädigung dieses Areals durch einen chirurgischen Eingriff oder einen Tumor würde Sprachstörungen in beiden Sprachen verursachen.

Da sich die zuständigen Strukturen der beiden Sprachen nebeneinander befinden, können sie dieselben neuronalen Verbindungen benutzen. Trotzdem entwickelt sich jede Sprache eigenständig und behält ihre volle Unabhängigkeit. Deshalb können kleine Kinder, die seit der Geburt mit zwei Sprachen aufwachsen, so schnell von einer in die andere Sprache umschalten. Wenn sie einen Satz in einer Sprache hören, sind sie imstande dieselbe Information sofort in der anderen Sprache zu vermitteln. Sie machen es automatisch, indem sie ganze Sprachstrukturen in beiden Sprachen nutzen, ohne einzelne Wörter zu übersetzen.

Bei Menschen, die eine zweite Sprache in einem späteren Abschnitt ihrer Kindheit erlernten, entsteht sie im Gehirn an einem separaten Ort, ganz unabhängig von der Erstsprache. Wenn dieses Areal nach einer Operation oder durch einen Tumor beschädigt wird, verliert der Mensch die Fähigkeit, diese fremde Sprache zu verwenden, spricht aber weiterhin die Muttersprache. Wird jedoch das für die Erstsprache zuständige Areal beschädigt, so leiden auch die Kenntnisse der Zweitsprache darunter.

Dies bedeutet, dass jede Sprache ihre eigenen neuronalen Verbindungen nutzt, die für die Funktionen jeweils nur einer Sprache zuständig sind.

Die folgende Abbildung zeigt ein sehr vereinfachtes Schema eines kindlichen Gehirns, angefertigt anhand eines Röntgenbildes, der im Artikel von KATHARINA KRAMER „Wie werde ich ein

Sprachgenie?" (Kramer 2003) veröffentlicht wurde.

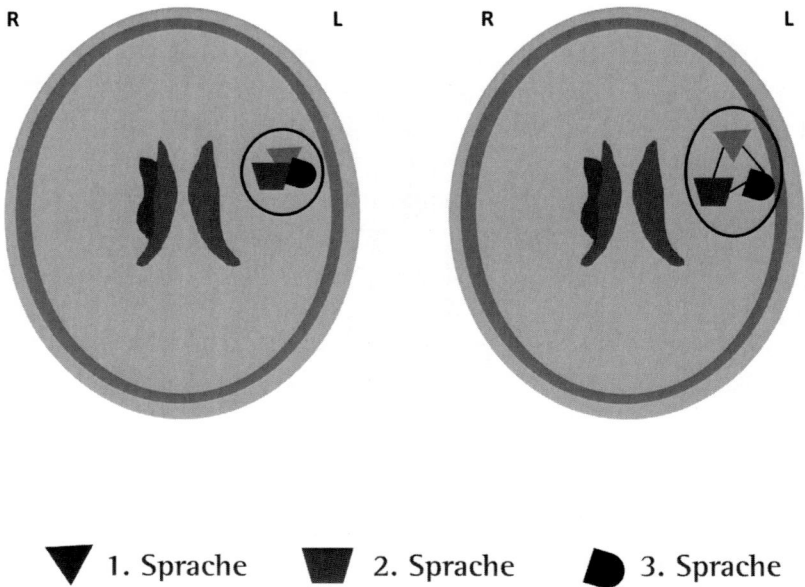

▼ 1. Sprache   ◢ 2. Sprache   ◗ 3. Sprache

Abb. 3: Unterschiedliche Sprachzentren im Gehirn

Die Zeichnung links zeigt das Hirn eines Kindes, das von Geburt an Kontakt mit drei Sprachen hatte. Das Sprachzentrum (das Broca-Areal und das Wernicke-Areal) ist mit einem Kreis gekennzeichnet. In dem Kreis befinden sich drei Felder, die die drei Sprachen symbolisieren. Man merkt, dass alle drei Sprachen sehr nah aneinander liegen und sich sogar überlagern. Dies bedeutet, dass sie dieselben neuronalen Verbindungen nutzen, deshalb lernt das Kind diese Sprachen so leicht und kann problemlos zwischen ihnen umschalten.

Die Zeichnung rechts zeigt ein Gehirnschema eines Kindes oder eines Erwachsenen, das bzw. der Fremdsprachen erst nach der Beendigung des zehnten Lebensjahres erlernt. Man merkt, dass die drei Sprachen weit voneinander entfernt sind und dass die neuronalen Verbindungen zwischen ihnen viel länger sind.

Dies bedeutet, dass die jeweiligen Sprachen unabhängig voneinander entstehen. Deshalb lernen ältere Kinder eine zweite (fremde) Sprache langsamer und immer unter Einbeziehung der Erstsprache. Das heißt, es wird immer übersetzt.

Anhang

Interessantes sprachliches Phänomen

Die ‚Powergirls' bilden eine feste soziale Gruppe, sind zwischen 14 und 21 Jahren alt und treffen sich regelmäßig, um zusammen Hausaufgaben zu machen, Çay (Tschai, d. h. Tee) zu trinken, sich zu schminken und über die neueste Mode zu sprechen. Mit dem Namen möchten sie ihr Wunschbild zum Ausdruck bringen und das schaffen sie auch. Sie haben wirklich ‚power', denn sie sind selbstständig – privat und beruflich – sie sind stark, aggressiv, nicht allzu empfindlich oder leicht irritierbar. Sie sind sehr schön und attraktiv. Fast alle von ihnen sind gepierct und tätowiert, tragen modische Kettchen, meist Plateauschuhe, nabelfreie und ganz enge dunkle Kleidung. Viele haben wilde, lange, schwarze Haare und sind stark geschminkt. Wenn sie durch die Stadt gehen, fallen sie sofort auf, denn ihre Bewegungen sind weit und ihre Gesten groß. Sie sind nicht zurückhaltend oder schüchtern, sie sind schön, provokativ und sehr präsent. Sie sind alles andere als angepasst und brav.

Die jungen Frauen wollen sich über das Bildungssystem in die deutsche Gesellschaft integrieren. Sie gehen an höhere Schulen, mindestens Realschule oder Gymnasium, erlernen einen guten Beruf und wollen selbstständig werden. Sie werden sich ohne große Probleme integrieren, da sie wissen, was von ihnen gefordert wird. Sie sind sozial intelligent, sehr flexibel und können schnell zwischen ihren zwei Welten – der türkischen und der deutschen – umschalten.

In den Kontakten mit anderen Menschen grenzen sie sich jedoch oft ab. Sie wollen nichts mit den ‚türkeitürkischen' Jugendlichen zu tun haben, mögen keine arroganten, frechen Typen und wehren sich gegen autoritäre Lehrer, die sie nicht akzeptieren. Alles was zu pingelig und zu ordentlich ist, lehnen sie auch ab. Diese jungen Frauen sind klug, intelligent und sprachlich unheimlich gewandt. Die Worte, die sie benutzen, kommen schnell nacheinander, die Fragen und Antworten, die oft sehr private und persönliche Themen betreffen, werden blitzschnell hintereinander gestellt und gleich von ihnen beantwortet. Die Mädchen haben die Gabe, sofort zwischen den deutschen und den türkischen Sprachformen zu wechseln, sprechen aber auch eine Mischsprache. Letztere besteht primär aus deutschen Wendungen, in denen aber die Grammatik sehr vereinfacht ist, ohne Präpositionen und ohne Artikel. Deutsch ist mit vielen türkischen Formulierungen vermischt, mit italienischen Schimpfwörtern, Begrüßungsformeln und Ausrufen. Das ist die Sprache, die sie als ‚Gettosprache' bezeichnen.

Sie verwenden unterschiedliche Sprachstile, je nachdem, zu welchem Zweck sie dienen sollen. Zu Hause mit den Müttern sprechen alle fast ausschließlich Türkisch. Unter sich als ‚Powergirls' zur Selbststilisierung reden sie hart, stampfend und reduziert und wenn sie etwas erzählen wollen, dann verwenden sie eine deutsch-türkische Mischung. An der Hochschule drücken sie sich elegant und höflich aus, benutzen offizielles und reines Deutsch.

Die ‚Gettosprache' der Mädchen wird oft und gern von den deutschen Jugendlichen übernommen, da es trendy ist, so zu sprechen. Diese Sprache wird über Hip-Hop und Techno verarbeitet.

Diese Personen haben mir geholfen

Diese Personen haben mir in den ersten Jahren der Erziehung sehr geholfen, mein Ziel die Zweisprachigkeit meiner Kinder, durchzusetzen. All diesen Personen möchte ich mein großes Dankeschön aussprechen, denn ohne ihre Unterstützung hätte ich es sicherlich nicht so gut geschafft.

Die erste Person ist meine damals einzige deutsche Freundin DIANA. Wir lernten uns im Park beim Spazierengehen mit dem Kinderwagen kennen und fanden uns sofort sehr sympathisch. Wir stellten uns vor und fanden gleich ein gemeinsames Gesprächsthema. Dann, nachdem wir uns lange unterhielten, kam sie zu mir nach Hause zum Kaffeetrinken. Seitdem trafen wir uns regelmäßig.

DIANA sagte nie etwas dagegen, dass ich mit meiner Tochter Polnisch gesprochen habe. Ganz im Gegenteil, sie unterstützte mich immer, in dem sie oft wiederholte, ich soll und muss bei meinem Vorhaben konsequent bleiben. Nur so könne ANJA richtig Polnisch sprechen lernen und zweisprachig werden. Ich sollte keine Zweifel und Bedenken haben und bei meiner Entscheidung stark bleiben. Sie betonte immer wieder, dass ich die beiden Sprachen Deutsch und Polnisch nie miteinander mischen darf, sonst hätte die zweisprachige Erziehung keinen Sinn mehr. In ihrer Gesellschaft fühlte ich mich immer sehr wohl, verstanden und völlig akzeptiert. Wahrscheinlich auch deswegen, weil DIANA aus der ehemaligen DDR kam und Russisch gelernt hat. Polnisch und Russisch sind ja verwandt und ich glaube, dass sie vieles von dem verstand, was ich zu meinem Kind sagte. Aber meine Freundin bestritt das immer wieder.

Ein anderer deutscher Freund half mir ebenso bei meiner Entscheidung, den Traum der Zweisprachigkeit meiner Kinder zu verwirklichen. Seine Tochter SINA war in dem gleichen Alter wie meine ältere Tochter ANJA. Da SVEN erst abends zur Arbeit ging, verbrachten wir oft unsere gemeinsamen Vormittage auf dem

Spielplatz oder beim Spazierengehen. In seiner Begleitung habe ich mich nie geniert, Polnisch zu reden, da er mich sehr darum bat, auch seine Tochter auf Polnisch anzusprechen. Er wollte und hoffte durchaus, dass SINA meine Sprache dadurch verstehen, lernen und dann auch sprechen wird. In unseren Treffen sah er die Chance, aus seiner Tochter auch ein zweisprachiges Kind zu machen. Nach zwei Jahren, als meine zweite Tochter auf die Welt kam, musste SVEN auch vormittags arbeiten und dadurch sind unsere Kontakt immer weniger geworden, da wir nicht mehr so viel Zeit miteinander verbringen konnten.

Eine sehr große Unterstützung war für mich mein Kinderarzt Dr. KÜNZER. Er selbst lernte als Deutscher vor 30 Jahren eine koreanische Frau kennen und heiratete sie. Als sie Kinder bekamen, überlegten sie, ob sie sie zweisprachig erziehen sollen. Leider herrschte damals unter den Ärzten und Wissenschaftlern die Meinung, Kinder können nur eine einzige Sprache gut beherrschen. Der damalige Professor der Kinderklinik riet meinem Arzt ab, mit seinen Kindern anders zu sprechen als nur Deutsch. Diese Entscheidung fiel Dr. KÜNZER sehr schwer und irgendwie konnte er sich bis heute mit dem Gedanken dieser Verordnung nicht abfinden.

Zum Glück änderte sich die Welt sowie die Auffassung und die Denkweise der Sprachforscher, die jetzt die zweisprachige Kindererziehung positiv sehen und in ihr eine riesige Chance für die mulikulturelle Gesellschaft erkennen. Dr. KÜNZER ermunterte mich also immer wieder, mit meinen Kindern bewusst und überzeugt auf Polnisch zu kommunizieren. Er unterstützte mich psychisch und seelisch sehr stark, gab mir viel Kraft und den Mut, bei meiner Entscheidung zu bleiben. Er hat mir sehr geholfen, weil er damals und bis heute für mich eine große Autorität war.

Sehr behilflich bei all meinen Fragen, die mit der zweitsprachigen Erziehung meiner Kinder zu tun hatten, war meine erste Arbeitskollegin und spätere Freundin MARIA. Sie selbst beherrschte fließend sogar drei Sprachen, nämlich Deutsch, Ungarisch und Rumänisch. Ihre schon erwachsenen Kinder sind das beste Beispiel dafür, dass die Mehrsprachigkeit möglich ist. Sie war wie eine Mama für mich, die ich zu jeder Zeit fragen durfte, wie ich die zweisprachige Erziehung in der Praxis anwenden soll. Was ich bei Unsicherheiten unternehmen und wie ich bei eventuellen Problemen reagieren soll. Sie überzeugte mich immer davon, dass ich das Richtige tue, dass meine Erziehungsmethoden gut sind und dass alles gut klappen wird. Vielen Dank, MARIA!

Mein Mann unterstützte mich immer wieder bei all meinen Zweifeln und Befürchtungen und gab mir gute Ratschläge, wie ich weiter handeln soll. Er half mir vor allem dann, wenn ich Krisen durchlebte und meinte, es hätte alles keinen Sinn, denn die Kinder sprechen meine Sprache zu selten, zu wenig und nicht intensiv genug. Solche Gedanken kamen immer wieder hoch und am häufigsten gerade dann, wenn mein Mann Urlaub hatte und die Kinder dadurch automatisch mehr Zeit mit ihm verbrachten. Dann hatte ich das Gefühl, dass alles, was ich ihnen bis jetzt beigebracht hatte, verloren gegangen wäre. In dieser Zeit sprachen sie mich nämlich seltener an und es ging mir dadurch psychisch sehr schlecht. Das Problem war, dass es sich nur meine subjektiven Empfindungen handelte und die Realität ganz anders war. In solchen Situationen versuchte mein Mann mir beizustehen, obwohl es gar nicht so leicht war, denn ich sah alles nur Schwarz. In meinen schlimmsten Krisen bat er die Kinder sogar, ihm ein paar Worte auf Polnisch beizubringen, oder versuchte selbst etwas in meiner Sprache zu sagen. Da seine polnische Aussprache für uns ein bisschen fremd klang, lachten die Kinder sehr nett, wenn er etwas wiederholte. Manchmal bat er ANJA oder JULIA einen deutschen Satz ins Polnische zu übersetzen, den er dann wiedergab. Das gefiel den Kindern sehr.

Durch solche Spiele verband JÜRGEN die beiden Sprachen und ich fühlte mich nicht mehr so deprimiert.

Woher kamen die Ideen für dieses Buch?

Interview

Mein Ratgeber basiert hauptsächlich auf Informationen, die ich mit Hilfe von Interviews eingesammelt habe. Es waren Gespräche mit meinen ausländischen Bekannten oder Freunden, die ich im Kindergarten oder in der Schule meiner Kinder kennen gelernt habe. Oft sprach ich auch fremde Menschen an, die ich zufälligerweise auf der Straße oder beim Einkaufen traf. Viele von ihnen verwendeten gutes Deutsch und sie fielen mir nur deswegen auf, weil sie andere Gesichtszüge hatten oder weil sie sich mit ihren Kindern in einer für mich unbekannten Sprache unterhielten. Wir kamen ziemlich schnell ins Gespräch, indem ich ihnen von mir erzählte und davon, dass mich das Thema der zweisprachigen Erziehung sehr interessiert.

Eine andere Gruppe bildeten Polen, die in Deutschland oder in anderen Ländern Europas leben. Die letzteren lernte ich während meiner Besuche in Polen kennen. Ich merkte, dass sie im Ausland wohnen, da ihre Kinder beim Spielen untereinander Niederländisch sprachen, sich aber mit den Eltern auf Polnisch unterhielten.

Menschen, die ich irgendwo spontan ansprach und sie nach der Vorgehensweise bei der zweisprachigen Kindererziehung fragte, erteilten mir gerne offene und vertrauenswürdige Antworten. Unsere Gespräche waren ein Austausch von Meinungen, Erfahrungen und Erlebnissen, die mit dem Problem der Zweisprachigkeit von Kindern, die im Ausland aufwachsen, zusammenhängen. Die Eltern beschrieben auf eine für mich interessante Art und Weise ihre Familiensituation und ihre ausführlichen Antworten untermalten sie mit zahlreichen Beispielen. Während unserer Treffens hatte ich am Anfang den Ein-

215

druck, dass meine Gesprächspartner sich nicht sicher waren, ob sie richtig handeln, indem sie den Kindern ihre Muttersprache vermittelten und ob die bikulturelle Erziehung den richtigen Weg darstellt. Bei den Gesprächen merkte ich, dass die Eltern das Bedürfnis hatten, ihre Bedenken mit mir zu teilen, von mir die Akzeptanz zu finden, die Zustimmung zu bekommen und Unterstützung zu erhalten. Durch die Unterhaltung mit mir gewannen sie Gewissheit, Sicherheit und Klarheit, dass ihr Verhalten richtig ist.

Oft baten mich die Eltern zum Schluss um einen Rat hinsichtlich der auftauchenden Schwierigkeiten, die mit dieser Thematik verbunden waren. Beim Abschied zeigten sie sich gefestigt, selbstbewusster und motivierter in ihrem Streben. Unsere Unterhaltung war unter anderem auch ein Anreiz zum Fortsetzen der elterlichen Aufgabe und Berufung, die Kinder der Migrantenfamilien im Ausland zwei- oder mehrsprachig zu erziehen.

Ich merkte mit Verwunderung, dass sogar ein kurzer Kontakt dieser Art für manche Menschen eine durchaus große Rolle spielte. Die Tatsache, dass ich ihnen mein Interesse zeigte, machte es ihnen möglich, sich für das Problem der Zweisprachigkeit zu öffnen. Ich beeinflusste außerdem ihren Meinungswandel, da ich ihnen half zu verstehen, welch eine wichtige Aufgabe sie zu erfüllen haben. Diesen Eltern wurde klar, dass ihren Kindern eine große Chance zuteil wird – sie haben die Möglichkeit, zweisprachig zu werden, aber dass es schließlich nur von den Erwachsenen abhängt, ob sie sie nutzen werden. Sie merkten, dass sie mit diesem Problem nicht allein sind, sondern andere Menschen um sich haben, die ähnlich handeln; dass ihre Art, Kinder zu erziehen, korrekt ist und dass sie nichts zu befürchten haben.

Als sehr hilfreich erwiesen sich auch zahlreiche E-Mails, die ich regelmäßig von Menschen bekomme, die sich an den Diskussionsforen über Zweisprachigkeit beteiligten. Viele besuchten meine polnische Internetseite www.e-bilingual.net und baten um Rat. Viele bedankten sich bei mir, für so viele Ideen, Ratschläge und Anweisungen, die sie in meinem polnischen Buch gefunden haben.

Berufliche Praxis

Sehr nützlich beim Verfassen dieser Arbeit zeigte sich meine Tätigkeit als Dozentin für Deutsch als Fremd- und Zweitsprache und Polnisch an verschiedenen Sprachschulen in Regensburg. Zusätzlich arbeitete ich mehrere Jahre in der Regensburger Grundschule Von-der-Tann als Lehrkraft für Deutsch als Zweitsprache. Ich gab dort ergänzenden Deutschunterricht für Migrantenkinder, die wegen unzureichender Sprachkenntnisse keine Möglichkeit hatten, ihre Bildung an weiterführenden Schulen fortzusetzen. Ich lernte dort, was eine interkulturelle Erziehung wirklich bedeutet, denn die Schule hatte einen Anteil von ca. 40 Prozent an Kindern mit nichtdeutscher Herkunftssprache.

Persönliche Erfahrung

Dieses Buch basiert auch auf meinen eigenen Erfahrungen. Seit vierzehn Jahren beobachte ich meine Umgebung, in der ich lebe, wohne und arbeite, und das Phänomen der Zweisprachigkeit präsentiert sich mir immer wieder aus neuen Perspektiven.

Als Linguistin interessieren mich die Entwicklung und der Verlauf vom gleichzeitigen Erwerb zwei verschiedener Sprachen in sprachlich gemischten Familien und in einer anderen Variante in einsprachigen Familien der Prozess des Erwerbs der Zweitsprache nach dem vollendeten Erwerb der Muttersprache (Erstsprache).

Als Lehrerin und Pädagogin, die mit Begeisterung und Leidenschaft unterrichtet, probiere ich stets neue Lernmethoden aus und arbeite ständig an einem eigenen autorisierten Programm.

Das mache ich, damit die Deutschen, die ihr Polnisch bei mir in Abendkursen festigen, und die Migranten, die Deutsch lernen, sich leichter tun und die nötigen Sprachkenntnisse erfolgreicher erwerben können.

Ich selber verließ aus familiären Gründen mein Heimatland und empfinde immer wieder viele starke Emotionen, die mit der Anpassung an eine neue Lebenssituation zu tun haben. Ich habe einen langsamen, allmählichen und bewegten Prozess der Assimilation und Akkommodation (nach JEAN PIAGET) in einer neuen sozialen Umwelt erlebt, erfahren und in mir selbst beobachtet. Ich lernte die Sehnsucht nach mir am nächsten stehenden Menschen kennen und die Sehnsucht nach dem von mir verlassenen Land.

Ich bin Frau eines Deutschen (Bayer). Ich lebe und ich handle in einer Atmosphäre der Bikulturalität und der Zweisprachigkeit, deshalb komme ich mit diesen Themen täglich in Berührung und löse die damit verbundenen Probleme.

Ich bin eine Mutter, die will, dass die Kinder ihre Muttersprache sprechen und sich während ihrer Besuche in Polen fließend und korrekt auf Polnisch verständigen können.

Tagebuch

In einem Sinne ist diese Publikation auch eine Art Tagebuch, da sie viele persönliche Erinnerungen und Erlebnisse enthält, die mit der zweisprachigen Erziehung meiner Töchter ANJA und JULIA zusammenhängen, sowie zahlreiche Beispiele aus meinem Leben und dem Leben meiner Familienangehörigen und Bekannten.

Ich lade alle Interessierte – Eltern, Großeltern, Jugendliche sowie Kinder, deren nächste Verwandte im Ausland leben – zu einer gemeinsamen Diskussion über zweisprachige und bikulturelle Erziehung ein. Jedes Wort und jeder Kommentar zu diesem Buch sind herzlich willkommen.

Bitte schreiben Sie an: zweisprachigkeit@web.de – ich werden versuchen, jede E-Mail zu beantworten.

Bogumila Baumgartner

Häufig verwendete Begriffe

- *Familiensprache* ist die Sprache, die bei einsprachigen Familien zu Hause von allen Familienmitglieder gesprochen wird: bei Tischgesprächen, gemeinsamen Mahlzeiten oder Autofahrten.
- *Muttersprache, Heimatsprache, Herkunftssprache* ist die Sprache, die ein Auswanderer in seinem Heimatland gelernt und gesprochen hat.
- *Umgebungssprache* ist die Sprache, die die Einheimischen eines Landes sprechen. In Deutschland ist die Umgebungssprache Deutsch.
- *Sprache der Mutter*: Bei zweisprachig erzogenen Kindern ist es die Sprache, die von der Mutter gesprochen wird.
- *Sprache des Vaters*: Bei zweisprachig erzogenen Kindern ist es die Sprache, die vom Vater gesprochen wird.
- *Starke Sprache*: Bei zweisprachig erzogenen Kindern ist das die Sprache, die ein Kind heute/jetzt besser spricht. Besser bedeutet häufiger, fließender, mit weniger Fehlern und mit breiterem Wortschatz.
- *Schwache Sprache*: Bei zweisprachig erzogenen Kindern ist das die Sprache, die ein Kind heute/jetzt schlechter spricht. Schlechter bedeutet: nicht alle Wörter, die man braucht, fallen dem Kind sofort ein, der Wortschatz ist beschränkt, man spricht die Sprache seltener, weil man weniger Kommunikationspartner in ihr hat.
- *Erstsprache* ist die Sprache, die ein Kind im Laufe weniger Jahre von der Umgebung lernt. Es muss nicht immer die Muttersprache sein. Wenn ein Kind von einer spanischer Tagesmutter gepflegt und betreut wird und mir ihr mehr Zeit verbringt als mit der eigenen Mutter, dann wird Spanisch zu seiner Erstsprache.
- *Zweitsprache* ist die Sprache, die ein Kind nach dem Erwerb

der ersten Sprache lernt. Wenn diese Sprache bei einem gesteuerten Erwerb gelernt wird, dann heißt sie Fremdsprache, wenn in einem ungesteuerten Erwerb, dann heißt sie Zweitsprache.

• *Gesteuerter Fremdspracherwerb* bedeutet, dass eine Sprache von einem Lehrer, der die einzige Bezugsperson ist, im Unterricht, aus einem Lehrwerk gelernt wird. Die Sprache dient nicht zur Kommunikation, da die Umgebung eine andere Sprache spricht.

• *Ungesteuerter Zweitspracherwerb* bedeutet, dass eine Sprache bei den Kindern im Kindergarten oder Schule beim gemeinsamen Spielen mit Gleichaltrigen gelernt wird, oder bei den Erwachsenen am Arbeitsplatz, im Wohn- und Konsumbereich. Die Sprachregeln werden selbst gebildet, meist ohne Fehlerkorrektur, deswegen sie sind oft falsch.

Interessante Literatur für die Eltern

Apeltauer E., Glumpler E.: Ausländische Kinder lernen Deutsch. Berlin, 2000.

Baumgartner, B.: Przeżyć dwujęzyczność. Jak wychować dziecko dwujęzycznie? Gdansk, 2008.

Günther, B., Günther, H.: Erstsprache und Zweitsprache. Weinheim und Basel, 2004.

Kielhöfer, B., Jonekeit, S.: Zweisprachige Kindererziehung. Tübingen, 1995.

Montanari E.: Wie Kinder mehrsprachig aufwachsen. Frankfurt am Main, 2001.

Schader, B.: Das Handbuch. Sprachenvielfalt als Chance. Troisdorf, 2004.

Online
- http://www.e-bilingual.net, Abruf am 16. Mai 2010
- http://www.spielgruppe-bristol.org, Abruf am 16. Mai 2010
- http://www.schule-bristol.org, Abruf am 16. Mai 2010
- http://www.germansaturdayschools.co.uk, Abruf am 16. Mai 2010
- http://www.ecolefrancaisebristol.co.uk, Abruf am 16. Mai 2010
- http://de.groups.yahoo.com/group/IDAUK, Abruf am 16. Mai 2010
- http://de.groups.yahoo.com/group/Sprachmaeuse, Abruf am 16. Mai 2010